駿台受験シリーズ

英語の発音・アクセント総仕上げ

三訂版

CD付

鳥飼和光 著

駿台文庫

今回の改訂にあたっては，駿台予備学校英語科専任講師の川上武先生や駿台文庫の上山匠氏と何度も検討会を重ね，貴重な助言をいただきました。また，CDのナレーターであるRuthAnn Morizumiさんにも大変お世話になりました。さらに読者のご意見も参考にさせていただきました。本書に関わっていただいた多くの方々に厚くお礼を申し上げます。

はじめに

(1) **本書の利用法** 最初に規則を暗記しようとしないでください。暗記したところでなかなか応用できず、苦労の割に報われないからです。それよりは、まず、
　1．CDの頻出語の部分を繰り返し聴き、必要最小限の単語を覚えてください。
　2．次に、発音編の「問」と「練習問題」、アクセント編の「練習問題」を解いてください。

　それも、何週間もかけて少しずつ解いていくのではなくて、短期間ですべての問題を解いてみてください。重要な語は繰り返し出てきますから、間違えながら覚えていくのが効率的です。どうしても覚えられない語があれば、その時に初めて規則を参照してください。そうすれば、その語はもとより、規則も自ずと身につくでしょう。

(2) **CDの利用法** まず、CDをトラックごとに数回聴き、次に、後に続いて発音します。そして、最後に、CDから離れて、自分のリズムで発音できるようになるまで繰り返し音読してください。決して、5分も10分も聞き流すようなことはしないでください。

(3) **米音と英音** 中・高の教科書の表記に従い、本書でも米音で表示し、必要に応じて英音も併記しました。入試では米音・英音の指定はないため、覚えやすい方で覚えて結構です。問題も米英どちらでも解けるものに限られ、hot [(米)hɑt | (英)hɔt] と cost [(米)kɔːst | (英)kɔst] のような、米英の一方でしか区別されない音の区別が出題されることはありません。

(4) **発音・アクセント記号** 発音の表記については辞書の間で微妙な違いがあるだけでなく、同じ辞書でも版により表記が変わっているものがあります。例えば、ある辞書の最新版では上記の hot は [hɑt] でなく [hɑːt] と表記されています。本書ではできるだけ中・高の教科書に合わせてあります。なお、1音節語のアクセント記号は省略しました。

(5) **日本語化した英語** 英語が日本語に取り入れられる過程で発音が変わるものがあります。例えば、「ルーズソックス」の loose の正しい発音は [luːs] です。試験ではこうした違いが狙われるため、本書では「日本語化した英語」の一覧表をつけるとともに、意味を付記するときにはできるだけカタカナで示しておきました。日本語化した発音と原音の異同に注意してください。

目 次

発音編

- **発音問題頻出語** …………………………………………………… 6
- **発音のルール（母音字）** ……………………………………… 14
  - **a** (19)　　　　　**ai・air** (31)　　　　**ar・are** (26)
  - **au・augh** (34)　**aw** (20)　　　　　　**ay** (31)
  - **e** (27)　　　　　**ea** (17)　　　　　　**ear** (23)
  - **ee・eer** (37)　　**ei** (30)　　　　　　**er** (38)
  - **ew** ☞ Supplement 2 (21)
  - **i** (22)　　　　　**ie・ier** (37)　　　　**ir** (38)
  - **o** (14)　　　　　**oa・oar** (32)　　　　**oo** (29)
  - **or・ore** (33)　　**ou** (18)　　　　　　**ough** (32)
  - **our** (35)　　　　**ow** (20)
  - **u** (28)　　　　　**ui** (35)　　　　　　**ur・ure** (36)
  - **y** (22)
- **発音のルール（子音字）** ……………………………………… 39
  - **c** (45)　　　　　**ch** (39)　　　　　　**ed** (41)
  - **g** (44)　　　　　**gh** (42)　　　　　　**gu** (48)
  - **ng・nk** (49)　　 **qu** (50)　　　　　　**s・ss** (43)
  - **sc** (45)　　　　　**t** (48)　　　　　　 **th・ths** (40)
  - **x** (41)
- **黙　字** …………………………………………………………… 51
- **派生語** …………………………………………………………… 53
- **同音異義語** ……………………………………………………… 55
- **練習問題** ………………………………………………………… 58

アクセント編

- ●アクセント問題頻出語（**1** 規則性のない語）……………………………… 74
- ●アクセント問題頻出語（**2** 規則性のある語）……………………………… 79

-age（94）	-ain（94）	-al（85）
-ant・-ance（82）	-ate（79）	-ble（-able・-ible）（89）
-cial（86）	-cian（91）	-cracy（95）
-ee・-eer（91）	-ent・-ence（80）	-esque（96）
-gion（91）	-graph・-graphy（95）	-ial（86）
-ic・-ics・-ical（84）	-ient・-ience（90）	-igue・-ique（96）
-ise・-ize（92）	-ism（96）	-ite（80）
-logy（95）	-meter（97）	-nomy（95）
-oo・-oon（91）	-ous（88）	-sion（91）
-sis（97）	-sive（93）	-tial（86）
-tion（-stion）（91）	-tive（93）	-tribute（89）
-ty（-ety・-ity）（82）	-ual（86）	-ude・-ute（89）
「名前動後」（98）		

- ●練習問題……………………………………………………………………… 100
- ●発音・アクセント融合問題………………………………………………… 110
- ●日本語化した単語（発音・アクセント問題共通）……………………… 115

文強勢編

- ●文強勢と弱形・強形………………………………………………………… 117
- ●練習問題……………………………………………………………………… 122

発音編 | Pronunciation

◀ 発音問題頻出語 ▶

次のリストは大学入試の「発音問題」に出た単語の中で特に頻度の高い語を集めたものです（その中でも最も重要な語は**太字**で示してあります）。アクセントのある音節の母音字はもとより，子音字の発音にも注意を払ってください。なお，1音節語のアクセント記号は省略しました。

母音字以外で注意すべき文字や，カタカナ英語と原音の相違点を █ で示し，米音のほかに英音を示す時は，間に｜を入れました。

[母音字]

-a-　(p. 19)

ancient	[éinʃənt]	古代の
arrange	[əréindʒ]	整える
Asia	[éiʒə ｜ -ʃə]	アジア
capable	[kéipəbl]	有能な
danger	[déindʒər]	危険
label	[léibəl]	張り札，ラベル
major	[méidʒər]	主要な
mania	[méiniə]	熱狂，マニア
parade	[pəréid]	パレード
ancestor	[ǽnsestər]	祖先
arrow	[ǽrou]	矢
pattern	[pǽtərn]	様式，パターン
false	[fɔːls]	間違った
salt	[sɔːlt]	塩
walk	[wɔːk]	歩く
calm	[kɑːm]	静かな
salmon	[sǽmən]	サケ，サーモン
bath	[bæθ]	入浴
bathe	[beið]	入浴する

-ai・ay・air-　(p. 31)

claim	[kleim]	主張する
raise	[reiz]	上げる
straight	[streit]	まっすぐな
quay	[kiː]	波止場（keyと同音）
say	[sei]	言う
says	[sez]	sayの三人称単数現在形
said	[sed]	sayの過去(分詞)
air	[eər]	空気
pair	[peər]	一対

-ar-　(p. 26)

guard	[ɡɑːrd]	守る
war	[wɔːr]	戦争
warm	[wɔːrm]	暖かい

-au-　(p. 34)

author	[ɔ́ːθər]	著者
cause	[kɔːz]	原因
pause	[pɔːz]	小休止
aunt	[ænt]	おば

-augh- (p. 34)

caught	[kɔːt]	catch の過去（分詞）
taught	[tɔːt]	teach の過去（分詞）
daughter	[dɔ́ːtər]	娘
laugh	[læf]	笑う
laughter	[lǽftər]	笑い
draught	[dræft]	(=draft) すきま風

-aw- (p. 20)

awful	[ɔ́ːfəl]	恐ろしい
law	[lɔː]	法律
lawn	[lɔːn]	芝生
raw	[rɔː]	生の

-e- (p. 27)

decent	[díːs(ə)nt]	きちんとした
evil	[íːvəl]	罪悪
immediate	[imíːdiət]	即刻の
media	[míːdiə]	媒体・メディア medium の複数形
previous	[príːviəs]	前の
recent	[ríːs(ə)nt]	最近の
scene	[siːn]	場面
species	[spíːʃiːz]	種
legend	[lédʒənd]	伝説
era	[í(ə)rə]	時代
theory	[θíː(ː)əri]	学説

-ea- (p. 17)

already	[ɔːlrédi]	すでに
bread	[bred]	パン
deaf	[def]	耳が聞こえない
feather	[féðər]	羽
heaven	[hév(ə)n]	天国
jealousy	[dʒéləsi]	妬み
leather	[léðər]	皮革
meadow	[médou]	牧草地
measure	[méʒər]	測る
peasant	[péz(ə)nt]	小作農
spread	[spred]	広げる
steady	[stédi]	安定した
sweat	[swet]	汗
sweater	[swétər]	セーター
threat	[θret]	脅迫
tread	[tred]	踏む
treasure	[tréʒər]	宝物
weapon	[wépən]	武器
weather	[wéðər]	天候
creature	[kríːtʃər]	生き物
cease	[siːs]	終わる
feature	[fíːtʃər]	特徴
increase	[inkríːs]	増大する
peace	[piːs]	平和
great	[greit]	偉大な
steak	[steik]	ステーキ
idea	[aidíːə]	考え
theater	[θíːətər]	劇場
reality	[riǽləti]	現実
mean	[miːn]	意味する
meant	[ment]	mean の過去（分詞）

pl*ea*se	[pli:z]	喜ばせる
pl*ea*sant	[pléz(ə)nt]	楽しい
pl*ea*sure	[pléʒər]	楽しさ
br*ea*k	[breik]	こわす
br*ea*kfast	[brékfəst]	朝食

＜ fast（断食）を break（破る）が語源＞

-ear- (p. 23)

*ear*ly	[ə́:rli]	早い
*ear*nest	[ə́:rnist]	熱心な
l*ear*n	[lə:rn]	学ぶ
p*ear*l	[pə:rl]	真珠
s*ear*ch	[sə:rtʃ]	捜索する
h*ear*t	[hɑ:rt]	心臓
b*ear*d	[biərd]	あごひげ
cl*ear*	[kliər]	明白な
d*ear*	[diər]	高価な, 親愛な
dr*ear*y	[dríəri]	陰気な
g*ear*	[giər]	歯車, 道具
n*ear*	[niər]	近い
r*ear*	[riər]	後部
w*ear*y	[wí(ə)ri]	疲れた
w*ear*	[weər]	身につけている
b*ear*	[beər]	クマ
h*ear*	[hiər]	聞こえる
h*ear*d	[hə:rd]	hear の過去（分詞）

-ei- (p. 30)

c*ei*ling	[sí:liŋ]	天井
rec*ei*ve	[risí:v]	受け取る
s*ei*ze	[si:z]	ぐいとつかむ
l*ei*sure	[lí:ʒər, léʒ-]	余暇
n*eigh*bor	[néibər]	隣人
fr*eigh*t	[freit]	貨物運送
w*eigh*t	[weit]	重さ
h*eigh*t	[hait]	高さ

-ew- (p. 21)

thr*ew*	[θrú:]	throw の過去形
s*ew*	[sou]	縫う

-i・y- (p. 22)

adv*i*se	[ædváiz]	助言する
b*i*as	[báiəs]	先入観
cl*i*mate	[kláimit]	気候
hor*i*zon	[həráizn]	水平線, 地平線
sc*i*ence	[sáiəns]	科学
cons*i*der	[kənsídər]	よく考える
mach*i*ne	[məʃí:n]	機械
pol*i*ce	[pəlí:s]	警察
rout*i*ne	[ru:tí:n]	日課
techn*i*que	[tekní:k]	技巧
un*i*que	[ju:ní:k]	唯一の
dr*i*ve	[draiv]	運転する
dr*i*ven	[drívən]	drive の過去分詞形
dec*i*de	[disáid]	決定する
dec*i*sion	[disíʒən]	決定
w*i*de	[waid]	広い
w*i*dth	[widθ, witθ]	幅
l*i*ve	[liv]	生きる
l*i*vely	[láivli]	元気な

-ie・ier- (p. 37)

fr*ie*nd	[frend]	友人
p*ie*ce	[pi:s]	断片
f*ie*rce	[fiərs]	獰猛な

-ir- (p. 38)

th*ir*sty	[θə́:rsti]	のどの渇いた

-o- (p. 14)

al*o*ne	[əlóun]	ひとりで
b*o*th	[bouθ]	両方の
cl*o*se	動 [klouz]	閉じる
	形 [klous]	近い
c*o*ld	[kould]	寒い
c*o*mb	[koum]	くし
contr*o*l	[kəntróul]	支配する, コントロール
f*o*lk	[fouk]	人々
gh*o*st	[goust]	幽霊, ゴースト
gl*o*be	[gloub]	地球
gr*o*ve	[grouv]	小さな森
h*o*ld	[hould]	持つ
h*o*le	[houl]	穴
h*o*me	[houm]	家庭, ホーム
n*o*se	[nouz]	鼻
*o*nly	[óunli]	唯一の, オンリー
p*o*st	[poust]	郵便, ポスト
r*o*se	[rouz]	バラ
wh*o*le	[houl]	全部の (holeと同音)
t*o*e	[tou]	足の指
fr*o*nt	[frʌnt]	正面

gl*o*ve	[glʌv]	手袋, グローブ
m*o*ney	[mʌ́ni]	通貨
*o*ven	[ʌ́vən]	かまど, オーブン
st*o*mach	[stʌ́mək]	胃
t*o*ngue	[tʌŋ]	舌
w*o*n	[wʌn]	winの過去(分詞)
w*o*nder	[wʌ́ndər]	不思議に思う
b*o*mb	[bɑm | bɔm]	爆弾
f*o*llow	[fálou | fɔ́l-]	後に続く
therm*o*meter	[θərmámətər | -mɔ́m-] 温度計
l*o*se	[lu:z]	失う
pr*o*ve	[pru:v]	証明する
t*o*mb	[tu:m]	墓
b*o*som	[búzəm]	胸
w*o*lf	[wulf]	オオカミ
w*o*man	[wúmən]	女
w*o*men	[wímin]	womenの複数形

-oa・oar- (p. 32)

b*oa*t	[bout]	ボート
c*oa*l	[koul]	石炭
c*oa*st	[koust]	海岸
c*oa*t	[kout]	コート, 外套
l*oa*n	[loun]	貸付金, ローン
r*oa*d	[roud]	道路, ロード
br*oa*d	[brɔ:d]	広い
abr*oa*d	[əbrɔ́:d]	外国へ
c*oa*rse	[kɔ:rs]	きめの粗い

-oo・oor- (p. 29)

brood	[bruːd]	ひと腹の子
choose	[tʃuːz]	選ぶ
food	[fuːd]	食物，フード
loose	[luːs]	ゆるい
	cf. lose [luːz]（失う）	
root	[ruːt]	根元
shoot	[ʃuːt]	撃つ
smooth	[smuːð]	滑らかな
tool	[tuːl]	道具
foot	[fut]	足
hood	[hud]	頭巾，フード
wood	[wud]	森
wool	[wul]	羊毛，ウール
blood	[blʌd]	血
flood	[flʌd]	洪水
brooch	[broutʃ]	ブローチ
floor	[flɔːr]	床，フロア

-or- (p. 33)

work	[wəːrk]	仕事
worm	[wəːrm]	虫
worship	[wə́ːrʃip]	崇拝
worth	[wəːrθ]	価値
sword	[sɔːrd]	刀

CD 08

-ou- (p. 18)

country	[kʌ́ntri]	国
couple	[kʌ́p(ə)l]	一組
cousin	[kʌ́z(ə)n]	いとこ
double	[dʌ́b(ə)l]	二重の
touch	[tʌtʃ]	触れる
trouble	[trʌ́b(ə)l]	困難
aloud	[əláud]	声を出して
count	[kaunt]	数える
foul	[faul]	汚い
houses	[háuziz]	house の複数形
mouth	[mauθ]	口
pound	[paund]	ポンド
proud	[praud]	誇りに思う
trousers	[tráuzərz]	ズボン
wound	[waund]	wind [waind]
		(巻く)の過去(分詞)
	[wuːnd]	傷
wounded	[wúːndid]	負傷した
group	[gruːp]	集団
soup	[suːp]	スープ
youth	[juːθ]	若さ，若者
soul	[soul]	魂
shoulder	[ʃóuldər]	肩
should	[ʃud]	shall の過去形
would	[wud]	will の過去形
south	[sauθ]	南
southern	[sʌ́ðərn]	南の

-ough- (p. 32)

ought	[ɔːt]	…べきである
bought	[bɔːt]	buy の過去(分詞)
fought	[fɔːt]	fight の過去(分詞)
thought	[θɔːt]	think の過去(分詞)
cough	[kɔːf | kɔf]	せきをする
enough	[inʌ́f]	十分な
rough	[rʌf]	ざらざらした

t**ough**	[tʌf]	丈夫な		cr**ow**	[krou]	カラス
b**ough**	[bau]	大枝		fl**ow**	[flou]	流れる
pl**ough**	[plau] (= plow)	すきで耕す		gr**ow**th	[grouθ]	成長
th**ough**	[ðou]	…だけれども		thr**ow**	[θrou]	投げる
th**orough**	[θə́:rou | θʌ́rə]	完全な		kn**ow**	[nou]	知っている
th**rough**	[θru:]	…を通り抜けて		kn**ow**ledge	[nálidʒ | nɔ́l-]	知識

CD 09

-our- (p. 35)

fl**our**	[flauər]	小麦粉
		(flower と同音)
h**our**	[auər]	1時間
s**our**	[sauər]	酸っぱい
c**our**se	[kɔ:rs]	進路
p**our**	[pɔ:r]	注ぐ
c**our**age	[kə́:ridʒ | kʌ́r-]	勇気
n**our**ish	[nə́:riʃ | nʌ́r-]	育てる
t**our**	[tuər]	旅行

-ow- (p. 20)

all**ow**	[əláu]	許す
br**ow**	[brau]	まゆ(毛)
c**ow**	[kau]	雌牛
c**ow**ard	[káuərd]	おくびょう者
cr**ow**d	[kraud]	群衆
dr**ow**n	[draun]	おぼれる
end**ow**	[indáu]	授ける
owl	[aul]	フクロウ
p**ow**der	[páudər]	粉
t**ow**er	[táuər]	塔, タワー
bl**ow**	[blou]	吹く
b**ow**l	[boul]	ボール, どんぶり

CD 10

-u・ui- (p. 28, 35)

conf**u**se	[kənfjú:z]	混乱させる
n**u**mber	[nʌ́mbər]	数
m**u**scle	[mʌ́s(ə)l]	筋肉
s**u**btle	[sʌ́t(ə)l]	微妙な
b**u**sy	[bízi]	忙しい
b**u**ry	[béri]	埋める
b**u**rial	[bériəl]	埋葬
fl**ui**d	[flú:id]	液体
s**ui**t	[su:t]	適合する
s**ui**te	[swi:t]	一続きの部屋, スイートルーム

-ur・ure- (p. 36)

ch**ur**ch	[tʃə:rtʃ]	教会
f**ur**niture	[fə́:rnitʃər]	家具
h**ur**t	[hə:rt]	傷つける
p**ur**pose	[pə́:rpəs]	目的
s**ure**	[ʃuər]	確信している

[子音字]

-ch- (p. 39)

ache	[eik]	痛む
anchor	[ǽŋkər]	錨(いかり)
character	[kǽrəktər]	性格
chaos	[kéiɑs ǀ -ɔs]	大混乱, カオス
chorus	[kɔ́:rəs]	合唱, コーラス
monarch	[mánərk ǀ mɔ́n-]	君主
scheme	[skí:m]	計画
scholar	[skɑ́lər ǀ skɔ́l-]	学者

-ed (p. 41)

naked	[néikid]	裸の
wicked	[wíkid]	邪悪な
watched	[wɑtʃt ǀ wɔtʃt]	watch の過去(分詞)

-gu- (p. 48)

vague	[veig]	ぼんやりした
league	[li:g]	同盟
fatigue	[fətí:g]	疲れ
argue	[ɑ́:rgju:]	議論する

-ng- (p. 49)

finger	[fíŋgər]	指
singer	[síŋər]	歌手

-s・ss- (p. 43)

decease	[disí:s]	死亡する
disease	[dizí:z]	病気
scissors	[sízərz]	はさみ

-t- (p. 48)

patient	[péiʃ(ə)nt]	我慢強い
question	[kwéstʃ(ə)n]	質問

-th・ths- (p. 40)

smooth	[smu:ð]	滑らかな
bath	[bæθ]	入浴
bathe	[beið]	入浴する
breath	[breθ]	息
breathe	[bri:ð]	息をする
mouth	[mauθ]	口
mouths	[mauðz]	mouth の複数形
north	[nɔ:rθ]	北
northern	[nɔ́:rðərn]	北の
worth	[wə:rθ]	価値
worthy	[wə́:rði]	価値のある

-x- (p. 41)

excuse	動	[ikskjú:z]	許す
	名	[ikskjú:s]	弁解
exercise		[éksərsàiz]	運動
exhaust		[igzɔ́:st]	疲れさせる
exhibit		[igzíbit]	展示する
exhibition		[èksəbíʃən]	展覧会

黙字　(p. 51, 52)

bom*b*	[bɑm | bɔm]	爆弾
su*b*tle	[sʌ́t(ə)l]	微妙な
mus*c*le	[mʌ́s(ə)l]	筋肉
reig*n*	[rein]	統治(rain と同音)
fig*h*t	[fait]	戦い
flig*h*t	[flait]	飛行
sig*h*t	[sait]	光景
*h*eir	[eər]	相続人(air と同音)
sa*l*mon	[sǽmən]	サケ, サーモン
*p*sycho*l*ogy	[saikάlədʒi | -kɔ́l-]	心理学
recei*p*t	[risíːt]	領収書, レシート
ai*s*le	[ail]	座席間の通路
i*s*land	[áilənd]	島
cas*t*le	[kǽs(ə)l]	城
Chris*t*mas	[krísməs]	クリスマス
fas*t*en	[fǽs(ə)n]	固定する
s*w*ord	[sɔːrd]	刀

発音のルール（母音字）

第1位　o

(問)　*o* の発音として正しいものを [ɑ｜(英)ɔ]，[ʌ]，[ou]，[uː]，[u] の中から選びなさい。なお，同じグループの *o* は全て同じ音とする。

1　**o**nly　　　b**o**th　　　h**o**me　　　h**o**le
2　**o**nion　　**o**ven　　　fr**o**nt　　　m**o**ney
3　t**o**mb　　　pr**o**ve　　m**o**vie　　　l**o**se
4　c**o**mmon　　s**o**rrow　　f**o**llow
5　b**o**som　　　w**o**man　　　w**o**lf

◎単語は左から右へ，難しい順に並べてあります。まず，左端の列だけで問題を考え，それで駄目なら次の列も含めて考える，といったやり方で解いてみてください。

☆　**o＋子音字＋e で終わる時は [ou] が一般的**（☞ Supplement 1　p. 15）
　したがって，home は「ホーム」でなく [houm ホウム]。

☆　**onion は「アニヤン」**　　money [mʌ́ni] を「マネー」と発音しても，onion [ʌ́njən] は「オニオン」と発音する人が多い。つづり字や日本語化した発音に惑わされないことが大切である。<u>o を [ʌ] と発音する語は特に出題頻度が高い</u>。

☆　**上記1〜5以外の発音**

(1)　**cost の発音は？**　cost, cloth, soft, long などの o は米音では [ɔː]，英音では [ɔ] と発音。問題はどちらで発音しても解けるものに限られるため，米音だけで異なる common [kɑ́mən｜kɔ́mən] と cost [kɔːst｜kɔst] のような区別が出題されることはない。（☞「(3) 米音と英音」p. 3）

(2)　**police は「ポリス」にあらず**　<u>アクセントのない o は [ə] となることが多く</u>，police は [pəlíːs パリース] と発音される。なお，<u>本書では原則としてアクセントのない母音字は扱わないことにする</u>。

例外　women [wímin]

⟶ その他の頻出語 ⟵

1　[ou]　　comb [koum] (くし), ghost [goust] (幽霊), most, post (ポスト), whole [houl] (hole「穴」と同音), globe (地球), grove (小さい林), over, don't, won't, control [kəntróul], clothes [klouðz] (衣服) cf. cloth [klɔ:θ | klɔθ] (布)

2　[ʌ]　　come, comfort [kʌ́mfərt] (快適さ), glove [glʌv] (手袋・グローブ), London [lʌ́ndən] (ロンドン), ton (トン), sponge (スポンジ), dove (ハト), above, won, tongue [tʌŋ] (舌), monkey, stomach [stʌ́mək]

3　[u:]　　move, improve [imprú:v]

4　[ɑ | (英) ɔ]　　bomb [bɑm] (爆弾), collar (えり) cf. color [kʌ́lər] (色), honest [ɑ́nəst]

[ʌ] と [ɑ] の区別　次のページで練習すること。それでも区別が難しい人は、[ɑ] は英音では [ɔ] に相当するので、とりあえず [ʌ] は「ア」、[ɑ] は「オ」、onion [ʌ́njən] は「アニヤン」、follow [fɑ́lou] は「フォロウ」と覚えてもよい。

<解答>
```
1  [óunli], [bouθ], [houm], [houl]
2  [ʌ́njən], [ʌ́v(ə)n] (かまど・オーブン), [frʌnt], [mʌ́ni]
3  [tu:m] (墓), [pru:v], [mú:vi], [lu:z]
4  [kʌ́mən | kɔ́mən], [sárou | sɔ́rou], [fɑ́lou | fɔ́lou]
5  [búzəm] (胸), [wúmən], [wulf]
```

● Supplement 1 ●　母音字＋子音字＋e

母音字 (a, e, i, o, u)＋子音字＋e で終わる時、母音字はアルファベットの読み方 (a [ei], e [i:], i [ai], o [ou], u [ju:]) に一致する。
ただし、have, live, love など例外も多く、また、試験では原則に合った語よりも例外的なものの方が好まれるために、出題頻度は低い。

1　make, space (スペース), parade [pəréid] (パレード)
2　complete, extreme, theme [θi:m] (テーマ), scheme [ski:m] (計画)
3　rice, kite, invite, surprise
4　rose, pose (ポーズ), tone (トーン), dome (ドーム)
5　use, excuse, huge, cute

● 「ア」と聞こえる音

1. [æ]　唇を左右に強く引き「エ」と発音し、次に、そのままの口の形で「ア」と発音する。
b<u>a</u>g, s<u>a</u>ck, h<u>a</u>t, r<u>a</u>ck, st<u>a</u>ck

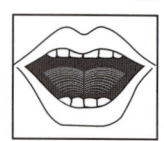

2. [ʌ]　口をあまり開けずに奥の方で「ア」と発音する。
b<u>u</u>g, s<u>u</u>ck, h<u>u</u>t, r<u>u</u>ck, st<u>u</u>ck

3. [ɑ]　口を大きく開いて奥の方で「ア」と発音する。
b<u>o</u>g, s<u>o</u>ck, h<u>o</u>t, r<u>o</u>ck, st<u>o</u>ck

※米音の[ɑ]は、英音では[ɔォ]となる。参考までに、CDでは英音での発音も示す。

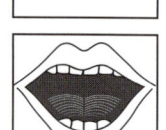

4. [ə(r)]　口をあまり開けず、弱くあいまいに「ア」と発音する。つづり字にrがある時は、米音では舌先を後に巻きながら[r]を響かせる。<u>アクセントのある音節には現れないため、出題されることは少ない。</u>
<u>a</u>bout [əbáut], t<u>o</u>day [tədéi],
el<u>e</u>ment [éləmənt], b<u>a</u>rb<u>e</u>r [bá:rbər]

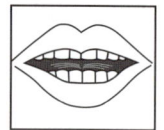

（問）　次の語を聞き分けなさい。
1. bag（バッグ）－ bug（虫）－ bog（沼地）
2. sack（袋）－ suck（吸う）－ sock（ソックス）
3. hat（帽子）－ hut（小屋）－ hot（暑い）
4. luck（運）－ lack（欠く）－ lock（錠）
5. stack（積む）－ stock（蓄え）－ stuck（＜ stick「突き刺す」）

［解答］　1～3 [æ－ʌ－ɑ]　4 [ʌ－æ－ɑ]　5 [æ－ɑ－ʌ]

第2位 ea

(問) **ea** の発音として正しいものを [e], [ei], [e:], [i:] の中から選びなさい。

1 tr*ea*d   end*ea*vor   br*ea*th   w*ea*ther
2 cr*ea*ture   dis*ea*se   br*ea*the   p*ea*ce
3 st*ea*k   gr*ea*t   br*ea*k

☆ **ea は原則として [i:]**　ただし，よく出題される語には [e] が多い。[ei] と発音するのは少数。

☆ **steak は「ステーキ」にあらず**　そもそも英語に [e:] という音はない。steak は [steik ステイク] と発音。

☆ e と a が 2 音節に分節されるものは規則外。
　the・a・ter [θí(:)ətər], **i・de・a** [aidí(:)ə], **cre・ate** [kriéit], **re・al** [rí:əl], **re・al・i・ty** [ríæləti]

☆ 派生により発音が変わるもの (breath — breathe) については「派生語」の項 (p.53) を参照。

―・― その他の頻出語 ―・―

1 [e]　　m*ea*nt, pl*ea*sure, tr*ea*sure, m*ea*sure, m*ea*dow, spr*ea*d, p*ea*sant (農夫), st*ea*dy, sw*ea*ter [swétər] (セーター), w*ea*pon, r*ea*lm (領域), j*ea*lousy [dʒéləsi] (ねたみ), cl*ea*nse (洗浄する), cl*ea*nser (洗剤・クレンザー), cl*ea*nliness [klénlinis] (清潔)　cf. cl*ea*n [kli:n]

2 [i:]　m*ea*n, pl*ea*se, m*ea*t, m*ea*l, f*ea*ture, c*ea*se [si:s] (終わる), incr*ea*se, l*ea*gue [li:g] (連盟), z*ea*l (熱心)　cf. z*ea*lous [zéləs] (熱心な)

<解答>
1 [tred] (踏む), [endévər] (努力する), [breθ] (息), [wéðər]
2 [krí:tʃər], [dizí:z] (病気), [bri:ð] (息をする), [pi:s]
3 [steik], [greit], [breik]

第3位 ou

(問) *ou* の発音として正しいものを [ʌ], [au], [ou], [ɔː], [uː] の中から選びなさい。

1	f*ou*l	dev*ou*t	tr*ou*sers	m*ou*ntain
2	s*ou*thern	c*ou*sin	c*ou*ntry	y*ou*ng
3	s*ou*l	m*ou*ld	p*ou*ltry	sh*ou*lder
4	r*ou*te	y*ou*th	s*ou*p	gr*ou*p

☆ **ou は [au] と [ʌ] が中心**　　[ou], [ɔː], [uː] と発音される語は少ない。(☞ "ough" p. 32)

☆ **southern に注意**　　south [sauθ] — southern [sʌ́ðərn] の変化に注意。(☞「派生語」p. 53)　　さらに，pron*ou*nce [prənáuns] — pron*u*nciation [prənʌ̀nsiéiʃən] のように，音の変化に伴いつづりが変化する語もある。

例外　**could** [kud], **should** [ʃud], **would** [wud]

―― その他の頻出語 ――

1 [au]　al*ou*d, ar*ou*se (起こす), c*ou*nt, p*ou*nd (ポンド), *ou*nce (オンス), c*ou*ch (寝台), w*ou*nd < wind [waind]「巻く」の過去・過去分詞

2 [ʌ]　c*ou*ple, c*ou*sin, d*ou*ble, en*ou*gh, tr*ou*ble, t*ou*ch
　　ただし，c*ou*rage, n*ou*rish (養う), fl*ou*rish (繁栄する) は，英音では [ʌ], 米音では [əː] と発音。(☞ "our" p. 35)

3 [ou]　th*ou*gh, d*ou*ghnut [dóunʌ̀t] (ドーナツ)

4 [uː]　w*ou*nd (負傷 [させる]), r*ou*ge [ruːʒ] (赤), s*ou*venir [sùːvəníər] (みやげ)

<解答>
1 [faul] (汚い), [diváut] (信心深い), [tráuzərz], [máuntən]
2 [sʌ́ðərn], [kʌ́z(ə)n], [kʌ́ntri], [jʌŋ]
3 [soul] (魂；sole「唯一の」と同音), [mould] (鋳型), [póultri] (家禽), [ʃóuldər]
4 [ruːt] (ルート), [juːθ], [suːp], [gruːp]

第4位 a

(問) **a** の発音として正しいものを [æ], [ɑ:], [ei], [ɑ | ɔ], [ɔ:] の中から選びなさい。

1　*a*ncient　　v*a*gue　　l*a*bel　　sh*a*ke
2　p*a*ttern　　*a*ncestor　　*a*rrow　　m*a*p
3　w*a*nder　　sw*a*n　　y*a*cht　　w*a*tch
4　ex*a*lt　　b*a*ld　　w*a*ter　　*a*ll
5　b*a*lm　　c*a*lm　　ps*a*lm　　f*a*ther

☆　a は原則として [ei] か [æ]
☆　a ＋子音字＋ e で終わる時は [ei] が一般的 (☞ Supplement 1　p. 15)
☆　w の後では [ɑ | (英)ɔ] か [ɔ:]，l(l) の前では [ɔ:]，lm の前では [ɑ:] となることが多い。　　a を [ɑ:] と発音するのは, 米語では father と少数の外来語のみ。

例外　**any** [éni], **many** [méni], **Thames** [temz] (テムズ川)

━━ その他の頻出語 ━━

1　[ei]　　d*a*nger, sc*a*le [skeil] (規模・スケール), *a*che [eik] (痛む),
　　　　　　*A*sia [éiʒə | -ʃə] (アジア), ch*a*os [kéiɑs | -ɔs] (カオス・混とん), arr*a*nge,
　　　　　　r*a*dio [réidiòu] (ラジオ), b*a*ss [beis] (〈音楽〉バス, 低音；base「基礎」と同音),
　　　　　　hum*a*ne [hju:méin] (人情のある) cf. hum*a*n [hjú:mən] (人類の)
2　[æ]　　*a*nchor [ǽŋkər], *a*ccident, *a*pple, m*a*n, m*a*nager [mǽnidʒər] (マネージャー), w*a*x
3　[ɑ | (英)ɔ]　　w*a*sh, sw*a*llow (☞ 「『ア』と聞こえる音」p. 16)
4　[ɔ:]　　f*a*lse [fɔ:ls], s*a*lt [sɔ:lt], ch*a*lk [tʃɔ:k] (チョーク), b*a*lk [bɔ:k] (〈野球の〉ボーク)

＜解答＞
1　[éinʃ(ə)nt], [veig] (あいまいな), [léibəl] (ラベル), [ʃeik]
2　[pǽtərn], [ǽnsestər] (祖先), [ǽrou], [mæp]
3　[wándər] (さまよう) cf. wonder [wʌ́ndər] (不思議に思う), [swɑn], [jɑt], [wɑtʃ]
4　[igzɔ́:lt] (賛美する), [bɔ:ld] (はげた) cf. bold [bould] (大胆な), [wɔ́:tər], [ɔ:l]
5　[bɑ:m] (香油), [kɑ:m], [sɑ:m] (賛美歌), [fɑ́:ðər]

第5位 ow・aw

(問) **ow・aw** の発音として正しいものを [au], [ou], [ɔː] の中から選びなさい。

1 all*ow*　　　dr*ow*n　　　t*ow*er　　　cr*ow*d
2 b*ow*l　　　cr*ow*　　　bl*ow*　　　kn*ow*
3 l*aw*n　　　*aw*e　　　r*aw*　　　l*aw*

☆ **ow と aw の違いに注意**　ow は [au] か [ou], aw は [ɔː] と発音。
（☞ Supplement 2　p.21）
　　cf. low [lou] — law [lɔː], sow [sou]（〈種を〉まく）— saw [sɔː]
　　　　down [daun] — dawn [dɔːn]（夜明け）

☆ **tower は「タワー」にあらず**　正しくは [táuər] であり, -ower は必ず [auər] と発音。flower [fláuər]（花; flour「小麦粉」と同音）, shower [ʃáuər]（にわか雨・シャワー）, power [páuər]（力・パワー）

例外 **knowledge** [nálidʒ | nɔ́l-]（知識）　　cf. know [nou]（知る）

→ その他の頻出語 ←

1 **[au]**　　c*ow*, c*ow*ard [káuərd]（臆病者）, end*ow* [endáu]（寄付する）, *ow*l, f*ow*l（鶏）, gr*ow*l（うなる）, t*ow*el [táuəl]（タオル）, fr*ow*n（顔をしかめる）, g*ow*n（ガウン）, br*ow*, b*ow*（おじぎをする）cf. b*ow* [bou]（弓・弧）
2 **[ou]**　　fl*ow*, thr*ow*, m*ow*（刈る）, best*ow* [bistóu]（授ける）
3 **[ɔː]**　　*aw*ful, *aw*kward [ɔ́ːkwərd], s*aw*, p*aw*（動物の足）, th*aw* [θɔː]（〈雪・氷が〉解ける）, spr*aw*l（大の字になる）, y*aw*n [jɔːn]（あくび）

<解答>
1　[əláu], [draun]（水死する）, [táuər], [kraud]
2　[boul]（鉢・〈料理用〉ボール）, [krou], [blou], [nou]
3　[lɔːn], [ɔː]（畏敬）, [rɔː], [lɔː]

● Supplement 2 ●　母音字＋w

> 母音字＋w は「オー」のような長母音か,「オウ」のような二重母音を表す。

1　aw　　[ɔː] ………………………… saw, law, raw
2　ow　　[ou] ………………………… sow, low, row
　　　　　[au] ………………………… now, plow, brow
3　ew　　[juː] が原則 ………………… new, stew [stjuː]（シチュー）
　　　　　[uː] ………………………… crew, screw [skruː]（スクリュー）
　　　　　[ou] は例外 ………………… sew（縫う）

—— ew の頻出語 ——
1　[juː]　 few, dew（露；due「当然の」と同音）, nephew [néfjuː]（甥）
2　[uː]　　chew [tʃuː]（かむ）, jewel [dʒúːəl], blew ＜ blow, flew ＜ flow,
　　　　　 threw ＜ throw, shrewd [ʃruːd]（抜けめのない）
　　　　　 ※ ch, j, l, r の後では [uː] となる。

第6位 i・y

(問) *i* の発音として正しいものを [i], [iː], [ai] の中から選びなさい。

1　hor*i*zon　　fl*i*ght　　adv*i*se　　w*i*de
2　w*i*dth　　dr*i*ven　　dec*i*sion　　th*i*nk
3　mach*i*ne　　pol*i*ce　　magaz*i*ne　　mar*i*ne

☆　**i・y ＋子音字＋ e で終わる時は [ai] が一般的**（☞ Supplement 1　p. 15）
☆　**-igh(t) は [ai(t)] と発音**（☞ "gh" p. 42）
☆　**width は「ワイドス」にあらず**　　wide [waid]（広い）— width [widθ]（広さ），wise [waiz]（賢い）— wisdom [wízdəm]（知恵）のように，派生に伴う発音の変化がよく狙われる。（☞「派生語」p. 53）
☆　**i を [iː] と発音するのはフランス語系**　　アクセントは [iː] に置かれる。（☞ アクセント編 "-esque, -ique, -igue" p. 96）

──── その他の頻出語 ────

1　**[ai]**　　*i*sland [áilənd], l*i*vely（活発な），sc*i*ence [sáiəns], anx*i*ety [æŋ(g)záiəti]（不安），cl*i*mb [klaim], f*i*ght [fait], fl*i*ght, s*i*ght [sait], s*i*gn, t*y*pe, st*y*le, den*y* [dinái]（否定する）

2　**[i]**　　f*i*nger [fíŋgər], cons*i*der [kənsídər]（よく考える），s*y*stem, m*y*th [miθ]（神話）

3　**[iː]**　　rout*i*ne [ruːtíːn]（日課），fat*i*gue [fətíːg]（疲れ），un*i*que [juː(ː)níːk]

〈解答〉
1　[həráizn], [flait], [ədváiz], [waid]
2　[widθ, witθ], [drív(ə)n], [disíʒ(ə)n], [θiŋk]
3　[məʃíːn], [pəlíːs], [mæɡəzíːn], [məríːn]

第7位 ear

(問) *ear* の発音として正しいものを [eər], [iər], [ɑːr], [əːr] の中から選びなさい。

1	h*ear*d	*ear*ly	p*ear*l	*ear*th
2	w*ear*y	b*ear*d	d*ear*	cl*ear*
3	w*ear*	sw*ear*	b*ear*	p*ear*

☆ 「アー」と聞こえる ear は [əːr]（☞ Supplement 3 - I p.25）

例外 heart [hɑːrt], hearth [hɑːrθ]（炉辺）

━━ その他の頻出語 ━━

1 [**əːr**]   *ear*n（稼ぐ）, s*ear*ch, *ear*nest（熱心な）, l*ear*n, y*ear*n（あこがれる）, p*ear*l
2 [**iər**]   n*ear*, r*ear*（後ろの）, g*ear* [giər]（ギヤ・歯車）, t*ear*（涙）
3 [**eər**]   t*ear*（裂く）

<解答>
1 [həːrd] < hear [hiər], [ə́ːrli], [pəːrl], [əːrθ]
2 [wíəri]（疲れた）, [biərd]（あごひげ）, [diər], [kliər]
3 [weər], [sweər]（誓う）, [beər], [peər]

● 「アー」と聞こえる音

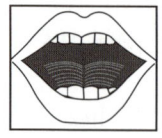

1. [ɑː(r)]　口を大きく開いて奥の方から「アー」と発音する。単語のつづり字にrが続く時は，米音では舌先を後ろに巻きながら[r]を響かせる。
　　　　　father [fɑ́ːðər]，calm [kɑːm]，hard [hɑːrd]，farm [fɑːrm]，parson [pɑːrs(ə)n]

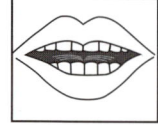

2. [əːr]　口を半開きにして，あいまいに「アー」と発音する。米音では舌先を後ろに巻きながら[r]を響かせる。
　　　　　heard [həːrd]，firm [fəːrm]，person [pə́ːrs(ə)n]，turn [təːrn]，work [wəːrk]

　(問)　次の語を聞き分けなさい。

　　1. hard（堅い）− heard（< hear）　　2. farm（農場）− firm（堅固な）
　　3. parson（牧師）− person（人）　　4. hurt（傷つける）− heart（心）
　　5. burn（燃える）− barn（納屋）

[解答]　1〜3 [ɑːr − əːr]　4, 5 [əːr − ɑːr]

● **Supplement 3** ● 母音字＋r / 母音字＋re

（I）「アー」とつづり字

長母音の「アー」には [ɑːr] と [əːr] があり，
　　　[ɑːr] は ar
　　　[əːr] は er, ir, ur, ear などで表される。

- far [fɑːr]（遠い）
- fir / fur [fəːr]（モミの木／毛皮）
- hard [hɑːrd]（固い）
- herd / heard [həːrd]（群れ／＜hear）

- farther [fɑ́ːrðər]（far の比較級）
- further [fə́ːrðər]（　〃　）
- parson [pɑ́ːrs(ə)n]（牧師）
- person [pə́ːrs(ə)n]（人）

したがって，ar を「アー」と発音する時は [ɑːr]，<u>それ以外の文字を「アー」と発音する時には [əːr]</u> と考えればよい。

例外　heart [hɑːrt], hearth [hɑːrθ]（炉辺）, sergeant [sɑ́ːrdʒ(ə)nt]（軍曹）

（II）母音字＋r / 母音字＋re の発音

(1) 母音字＋r
ar	[ɑːr]	…	car, cart
er		…	her, herd
ir	[əːr]	…	fir, firm
ur		…	occúr, curl
or	[ɔːr]	…	for, form

(2) 母音字＋re
are	[eər]	…	care
ere	[iər/eər]	…	here / there
ire	[aiər]	…	fire
ure	[juər]	…	cure
ore	[ɔːr]	…	fore

(1) 母音字＋r で終わるか，その後に子音が続く時は，長母音に発音。
(2) 母音字＋re で終わる時は，ore を除き，二重（三重）母音に発音。
　※ただし，アクセントのない音節では，(1) のグループは [ər], ure は [(j)ər] と発音。
　　（例）vic<u>ar</u> [víkər], fail<u>ure</u> [féiljər]

例外　are, were

（III）warm は「ワーム」にあらず

w＋ar は [wɔːr]，w＋or は [wəːr] と発音され，ローマ字読みと逆になることに注意。

- warm [wɔːrm]（暖かい）
- worm [wəːrm]（虫）

- warship [wɔ́ːrʃip]（軍艦）
- worship [wə́ːrʃip]（崇拝）

ただし，warn（警告する），worn（wear の過去分詞）はどちらも [wɔːrn]。

第8位 ar・are

(問) *ar・are* の発音として正しいものを [ɑ:r], [ə:r], [ɔ:r], [eər] の中から選びなさい。

1 f*are*	b*are*	comp*are*	v*ari*ous
2 gu*ar*d	*ar*gue	f*ar*ther	h*ar*d
3 w*ar*m	wh*ar*f	w*ar*n	w*ar*

☆ are で終わる時は [eər]（☞ Supplement 3 - Ⅱ　p. 25）　are [ɑ:r] は例外。

☆ ar で終わるか，その後に子音が続く時は [ɑ:r]　　scarcely [skéərsli] は例外。

☆ guard [gɑ:rd] に注意　　fur や heard との連想から，つい [gə:rd] と発音したくなるが，gu[g] + ar と考える。（☞ "gu" p. 48）

☆ w + ar は [wɔ:r] と発音（☞ "or" p. 33）

ー・ー その他の頻出語 ー・ー

1　[**eər**]　　h*are* [heər]（ウサギ；hair と同音），sc*are*（怖がらせる），sc*ar*cely（ほとんど…ない），squ*are* [skweər]，w*are*house [wéərhàus]（倉庫），*ar*ea [éəriə]，v*ary*（変わる），w*ary* [wéəri]（用心深い）

2　[**ɑ:r**]　　cig*ar* [sigɑ́:r]，guit*ar* [gitɑ́:r]，sc*ar*（傷跡）

3　[**ɔ:r**]　　sw*ar*m（群がる），tow*ar*d [təwɔ́:rd]　cf. forw*ar*d [fɔ́:rwərd]，qu*ar*ter [kwɔ́:rtər]

<解答>
1　[feər]（料金；fair と同音），[beər]（裸の；bear「クマ」と同音），[kəmpéər]，[véəriəs]
2　[gɑ́:rd]（守る），[ɑ́:rgju:]（議論する），[fɑ́:rðər]，[hɑ:rd]
3　[wɔ:rm]，[wɔ:rf]（波止場），[wɔ:rn]（警告する；worn < wear と同音），[wɔ:r]

第9位 e

(問) **e** の発音として正しいものを [e], [i], [i:] の中から選びなさい。

1　pr*e*vious　　t*e*dious　　th*e*me　　extr*e*me
2　pr*e*cious　　l*e*gend　　b*e*rry　　l*e*sson

☆　**e＋子音字＋e で終わる時は [i:]**（☞ Supplement 1　p. 15）
☆　**England は例外**　　England [íŋglənd], English [íŋgliʃ], pretty [príti] のようにアクセントのある e が [i] となるのは稀。ただし，アクセントのない e が [i] となるのは珍しくない。cf. d*e*lay [diléi], *e*lectric [iléktrik]

例外　**English** [íŋgliʃ], **pretty** [príti]

その他の頻出語

1　[i:]　　*e*qual [í:kwəl], imm*e*diate [imí:diət]（直後の）, sc*e*ne [si:n]（場面・シーン）, s*e*cret, sch*e*me [ski:m]（計画）, r*e*cent（最近の）, d*e*cent（適当な）, g*e*nius [dʒí:niəs]（天才）, *e*vil（罪悪）, ser*e*ne [sərí:n]（穏やかな）, conv*e*nience [kənví:njəns]（便利）, ob*e*dience [oubí:diəns]（従順）

2　[e]　　d*e*licate [délikit], d*e*pth [depθ]（deep の名詞形）, pr*e*face [préfis]（序文）, *e*nergy [énərdʒi]（エネルギー）, *e*cho [ékou]（反響・エコー）

＜解答＞　1　[prí:viəs]（以前の）, [tí:diəs]（退屈な）, [θi:m]（主題・テーマ）, [ikstrí:m]（極端な）
　　　　　2　[préʃ(ə)s]（高価な）, [lédʒ(ə)nd]（伝説）, [béri]（ベリー；bury「埋める」と同音）, [lés(ə)n]

第10位 u

(問) **u** の発音として正しいものを [æ], [ʌ], [u], [uː], [juː] の中から選びなさい。

1　s*u*btle　　*u*tter　　n*u*mber　　s*u*n
2　exc*u*se　　conf*u*se　　*u*sual　　*u*se
3　fl*u*te　　excl*u*de　　br*u*te　　tr*u*th
4　c*u*ckoo　　p*u*dding　　p*u*sh　　f*u*ll

☆　u＋子音字＋e で終わる時は [juː] が一般的（☞ Supplement 1　p. 15）
☆　ただし、l・r の後では [juː] は [uː] となる。
☆　「ア」と聞こえる u は [æ], [ʌ], [ə] のどれか？　アクセントのある u を「ア」と発音する時は必ず [ʌ] となる。（☞ Supplement 4　p. 29）
　sun（太陽）— son（息子），sum（合計）— some（いくらかの）は同音。

例外　**busy** [bízi], **business** [bíznis]
　　　　bury [béri]（埋める），**burial** [bériəl]（埋葬）

▶— その他の頻出語 —◀

1　[ʌ]　　c*u*t, *u*gly, b*u*tter, fl*u*tter [flʌ́tər]（ひらひらする），p*u*blic,
　　　　s*u*ffer（苦しむ），v*u*lgar（野卑な），m*u*scle [mʌ́s(ə)l]（筋肉）
2　[juː]　　c*u*be（立方体），f*u*tile [fjúːtail]（無益な），n*u*merous [njúːmərəs],
　　　　st*u*dio [st(j)úːdiou]（スタジオ）
3　[uː]　　fl*u*ent [flúːənt]（流暢な），pl*u*me（羽毛），pr*u*dent（慎重な）
4　[u]　　c*u*shion [kúʃən], s*u*gar [ʃúɡər]

<解答>　1　[sʌ́t(ə)l]（微妙な），[ʌ́tər]（発する），[nʌ́mbər], [sʌn]
　　　　2　動 [ikskjúːz]（許す）名 [-kjúːs]（弁解），[kənfjúːz]（混乱させる），[júːʒu(ə)l], [juːz]
　　　　3　[fluːt], [iksklúːd]（除外する），[bruːt]（獣），[truːθ]
　　　　4　[kúkuː]（カッコウ），[púdiŋ]（プディング・プリン），[puʃ], [ful]

● **Supplement 4** ●　「ア」と聞こえる音と文字

　短母音の「ア」には [æ], [ʌ], [ə] と米音の [ɑ] があるが, [ə] はアクセントのある音節に出ないため出題頻度は低い。
　[ɑ] と [ʌ] は区別が難しいため, 発音が苦手な人は [ɑ] に対応する英音の [ɔ]「オ」で覚えておく方が便利。(☞ p. 15)

[æ] を表す文字には a
[ʌ] を表す文字には o, oo, ou, u

があり, a が [ʌ] となったり, o, oo, ou, u が [æ] となったりすることは決してない。cf. cat [kæt], cut [kʌt], money [mʌ́ni], blood [blʌd], couple [kʌ́p(ə)l]。
　発音に自信のない人は, a を「ア」と発音する時は [æ], それ以外の文字を「ア」と発音する時は [ʌ] と考えればよい。ただし, [ɑ] は「オ」で覚えるものとする。

第11位　oo

(問)　**oo** の発音を [ʌ], [u], [uː] の中から選びなさい。

1　l**oo**se　　sm**oo**th　　f**oo**d　　ch**oo**se
2　w**oo**l　　h**oo**d　　　f**oo**t　　g**oo**d
3　bl**oo**d　　fl**oo**d

☆　**oo は原則として [u] か [uː] であり, [ʌ] と発音されることは稀。**

☆　**wool は「ウール」にあらず**　　wool (羊毛・ウール) は [wul], hood (ずきん・フード) は [hud] が正しい。[u] と [uː] の区別, 特に原音と日本語化した発音に違いのある語には細心の注意が必要。

☆　**語尾の oo は [úː]**　　bamboo [bæmbúː], taboo [təbúː], shampoo [ʃæmpúː], kangaroo [kæ̀ŋgərúː]　ただし, cuckoo [kúkuː] (カッコウ)。

例外　　**brooch** [broutʃ] (ブローチ), **zoology** [zouɑ́lədʒi] (動物学)　　cf. zoo [zuː] (動物園)

━・━ その他の頻出語 ━・━

1 [**uː**] tool, brood (ひとかえりのひな), boot (ブーツ), hoot (わめく), root (ルーツ), hoof (ひづめ), doom (運命), soothe [suːð] (なだめる)

2 [**u**] hook (止め金・ホック), wood, shook (＜ shake)

<解答>
1 [luːs] (ゆるい・ルーズな), [smuːð], [fuːd], [tʃuːz]
2 [wul], [hud], [fut], [gud]
3 [blʌd], [flʌd]

第12位 ei

(問) *ei* の発音として正しいものを [ai], [ei], [iː] の中から選びなさい。

1 fr*ei*ght   r*ei*gn   v*ei*l   w*ei*ght
2 s*ei*ze   perc*ei*ve   rec*ei*ve   c*ei*ling

☆ ei は原則として [ei]   黙字の g, gh については p. 51 参照。
☆ ただし, [s] 音の後では [iː] となる   either [íːðər | áiðə], neither [níːðər | náiðə], leisure [líːʒər, léʒ-] (余暇・レジャー) は例外。

例外 height [hait] (高さ) ＜ high

━・━ その他の頻出語 ━・━

1 [**ei**] r*ei*n (手綱：rain, reign「統治」と同音), v*ei*n (静脈：vain「むだな」と同音), f*ei*nt (フェイント・ふり), f*ei*gn [fein] (ふりをする), sl*ei*gh [slei] (そり), n*ei*ghbor [néibər]

2 [**iː**] s*ei*zure [síːʒər] (つかむこと), dec*ei*ve (だます), rec*ei*pt [risíːt] (領収書・レシート)

<解答>
1 [freit] (貨物 [輸送]), [rein] (統治), [veil] (ベール), [weit]
2 [siːz] (つかむ), [pərsíːv] (知覚する), [risíːv], [síːliŋ]

発音のルール（母音字） 31

第13位 **ai・ay・air**

(問) ***ai・ay・air*** の発音として正しいものを [ai], [ei], [e], [eər] の中から選びなさい。

1　str*ai*ght　　　r*ai*se　　　　cl*ai*m　　　　r*ai*n
2　s*ay*s　　　　 s*ai*d
3　aff*air*　　　　st*air*　　　　p*air*　　　　 *air*

☆　ai・ay は原則として [ei]　他の音は例外。
☆　air は [eər] と発音

例外　**aisle** [ail]（通路）
　　　　quay [kiː]（波止場）
　　　　prayer [preər]（祈り）　ただし，「祈る人」の時は [préiər]。

━━ その他の頻出語 ━━

1　[ei]　　m*ai*d, w*ai*st, v*ai*n（むだな；vein「静脈」と同音）, pl*ai*n（平原；plane と同音）,
　　　　　str*ai*t（海峡；straight と同音）, l*ai*d, l*ay*, s*ay*
3　[eər]　f*air*（公平な；fare「料金」と同音）, h*air*, desp*air* [dispéər]（絶望）,
　　　　　d*air*y [déəri]（酪農）, pr*air*ie [préəri]（大草原・プレーリー）

＜解答＞　1　[streit], [reiz], [kleim], [rein]
　　　　　2　[sez], [sed]
　　　　　3　[əféər]（仕事）, [steər]（階段；stare「見つめる」と同音）, [peər], [eər]

第14位 oa・oar

(問) **oa・oar** の発音として正しいものを [ou], [ɔː], [ɔːr] の中から選びなさい。

1　b*oa*t　　　c*oa*t　　　r*oa*d　　　s*oa*p
2　br*oa*d　　abr*oa*d　　br*oa*dcast
3　s*oa*r　　　c*oar*se　　r*oar*　　　*oar*

☆　**boat は「ボート」にあらず**　　oa は [ou] と発音され, boat は正しくは [bout ボウト]。[ɔː] となるのは broad とその関連語のみ。

　　broad (広い), abroad (広い所へ→国外に), broadcast (広く投げる→放送する)

☆　**oar は [ɔːr] と発音**

―← その他の頻出語 →―

1　[**ou**]　　c*oa*l, l*oa*n (ローン), c*oa*st, g*oa*l (ゴール), thr*oa*t,
　　　　　　　approach [əpróutʃ] (接近・アプローチ)

3　[**ɔːr**]　b*oar*d

<解答>　1　[bout], [kout] (コート), [roud], [soup]
　　　　　2　[brɔːd], [əbrɔːd], [brɔːdkæst]
　　　　　3　[sɔːr] (舞い上がる), [kɔːrs] (粗雑な), [rɔːr] (ほえる), [ɔːr] (オール)

第15位 ough

(問) **ough** の発音として正しいものを [ɔː], [ou] の中から選びなさい。

th*ough*t　　*ough*t　　b*ough*t　　f*ough*t

☆　**ough は原則として [ɔː]**　　他の発音を持つ語はいずれもきわめて少数なので, 例外として覚えること。

例外
(1) r**ough**, t**ough**, en**ough**　　　　[ʌf]
(2) b**ough**, pl**ough**, dr**ough**t　　　[au]　＜3語のみ＞
(3) d**ough**, th**ough**, alth**ough**,
　　thor**ough**, bor**ough**　　　　　　[ou]　＜5語のみ＞
(4) c**ough**, tr**ough**　　　　　　　　[ɔːf | ɔf]　＜2語のみ＞
(5) thr**ough**　　　　　　　　　　　　[uː]　＜1語のみ＞

(1) [rʌf], [tʌf], [inʌ́f]
(2) [bau](枝), [plau](耕す), [draut](干ばつ)
(3) [dou](練り粉・生パン), [ðou], [ɔːldóu], [θə́ːrou | θʌ́rə](完全な), [bə́ːrou | bʌ́rə](郡)
(4) [kɔːf | kɔf](せきをする), [trɔːf | trɔf](かいば桶)
(5) [θruː]

→ その他の頻出語 ←
[ɔː]　br**ough**t(< bring), s**ough**t(< seek), n**ough**t(ゼロ：naught ともつづる)

＜解答＞　[θɔːt] < think, [ɔːt], [bɔːt] < buy, [fɔːt] < fight

第16位 or・ore

（問）**or** の発音として正しいものを [ɑːr], [əːr], [ɔːr] の中から選びなさい。

| 1 | **or**chard | n**or**thern | c**or**k | sp**or**t |
| 2 | w**or**m | w**or**th | w**or**ship | w**or**d |

☆ **or・ore は原則として [ɔːr]**（☞ Supplement 3 - Ⅱ　p. 25）
☆ **worm と warm の発音は？**　　w + or は [əːr], w + ar は [ɔːr] と発音し、ローマ字読みと逆になることに注意。（☞ Supplement 3 - Ⅲ　p. 25）

{ worm [wəːrm](虫)　　{ word [wəːrd]　　　{ worship [wə́ːrʃip](崇拝)
{ warm [wɔːrm]　　　 { ward [wɔːrd](区)　 { warship [wɔ́ːrʃip](軍艦)

例外　**worn** [wɔːrn](wear の過去分詞形；warn「警告する」と同音), **sword** [sɔːrd](刀)

―▶― その他の頻出語 ―◀―

1 [ɔːr]　　corn, corpse [kɔːrps] (死体), corps [kɔːr] (軍団),
　　　　　　bore [bɔːr] (退屈させる), snore [snɔːr] (いびき)
2 [əːr]　　worse, worst, work, world

<解答>　1 [ɔ́ːrtʃərd] (果樹園), [nɔ́ːrðərn], [kɔːrk] (コルク), [spɔːrt]
　　　　2 [wəːrm], [wəːrθ], [wə́ːrʃip], [wəːrd]

第17位 au・augh

（問） **au** の発音として正しいものを [æ | (英)ɑː], [ɔː] の中から選びなさい。

1 c*au*se　　　　exh*au*st　　　t*au*ght　　　d*au*ghter
2 *au*nt　　　　dr*au*ght　　　l*au*gh　　　l*au*ghter

☆ **au は原則として [ɔː]**　　[æ | (英)ɑː] と発音するのは少数。
☆ **augh は原則として [ɔː]** (gh は黙字)　　[æf] と発音するのは少数。
☆ au [æ] は英音では [ɑː] となる。(例) laugh [(米)læf | (英)lɑːf]

例外　**gauge** [geidʒ] (標準規格)

―▶― その他の頻出語 ―◀―

[ɔː]　　f*au*lt, p*au*se (休止する), *au*thor, *au*tumn, l*au*ndry [lɔ́ːndri] (クリーニング屋)
　　　　cf.「コイン・ランドリー」, l*au*nch (進水させる), appl*au*se (声援), c*au*ght (<
　　　　catch), h*au*ghty [hɔ́ːti] (ごう慢な), n*au*ghty [nɔ́ːti] (わんぱくな)

<解答>　1 [kɔːz], [igzɔ́ːst] (排出する), [tɔːt] (< teach), [dɔ́ːtər]
　　　　2 [ænt | ɑːnt], [dræft | drɑːft] (すきま風), [læf | lɑːf] (笑う), [læftər | lɑ́ːftər] (笑い)

発音のルール（母音字） 35

第18位 **our**

(問) ***our*** の発音として正しいものを [ɔːr], [əːr], [uər], [auər] の中から選びなさい。

1　fl*our*　　　s*our*　　　dev*our*　　　h*our*
2　c*our*se　　p*our*　　　s*our*ce　　　c*our*t
3　j*our*nal　　j*our*ney
4　t*our*　　　y*our*

☆　our は [auər] と [ɔːr] が一般的　　[əːr], [uər] は少数。

☆　**flour と flower は同音**　　flour（小麦粉）と flower はどちらも [flauər] と発音。ついでに morning と mourning（喪に服すこと）も同音であることを知っておくとよい。（「モーニング・コート」はどちらのつづりだろうか）

☆　**courage, nourish, flourish**　　米音では [kə́ːridʒ], [nə́ːriʃ], [flə́ːriʃ], 英音では [kʌ́ridʒ], [nʌ́riʃ], [flʌ́riʃ] となる。（☞ "ou" p.18）

<解答>
1　[flauər], [sauər]（酸っぱい）, [diváuər]（むさぼり食う）, [auər]
2　[kɔːrs], [pɔːr]（注ぐ）, [sɔːrs], [kɔːrt]
3　[dʒə́ːrn(ə)l]（日誌）, [dʒə́ːrni]
4　[tuər], [juər]

第19位 **ui**

(問) ***ui*** の発音として正しいものを [ai], [i], [(j)uː] の中から選びなさい。

1　recr*ui*t　　n*ui*sance　　s*ui*t　　　fr*ui*t
2　disg*ui*se　　g*ui*de
3　b*ui*ld　　　g*ui*lt

☆　ui は原則として [(j)uː]　　[ai], [i] は少数。

例外　suite [swiːt]（一続きの部屋・スイートルーム）

☆ uとiが2音節に分節されるものは規則外。
flu-id [flú:id]（液体）, **ru-in** [rú:in]（破壊）, **su-i-cide** [s(j)ú:əsaid]（自殺）

──← その他の頻出語 ──←

1 [**u:**]　　s*u*itable, j*u*ice, cr*ui*se（巡航する）, br*ui*se（あざ）

<解答>
1　[rikrú:t]（新兵；「ルーキー」はここから）, [n(j)ú:sns]（迷惑）, [s(j)u:t]（スーツ；適する）, [fru:t]
2　[disgáiz]（変装させる）, [gaid]
3　[bild], [gilt]（罪）

第20位 **ur・ure** 🎵 35

（問）*ur・ure* の発音として正しいものを [ɑ:r], [ə:r], [(j)uər] の中から選びなさい。

1　p*ur*pose　　　ch*ur*ch　　　f*ur*niture　　　h*ur*t
2　s*ure*　　　　l*ure*　　　　c*ure*　　　　　p*ure*

☆ ur は [ə:r], ure は [juər] が原則（☞ Supplement 3 - Ⅱ　p. 25）
☆ 「アー」と聞こえる ur は [ə:r] であり, [ɑ:r] となることはない。cf. further [fə́:rðər] — farther [fɑ́:rðər]（☞ Supplement 3 - Ⅰ　p. 25）

──← その他の頻出語 ──←

1 [**ə:r**]　　n*ur*se, *ur*ban [ə́:rbən]（都会の）, *ur*gent [ə́:rdʒ(ə)nt]（緊急の）, f*ur*（毛皮；fir「もみの木」と同音）, c*ur*tain, c*ur*se（のろう）, p*ur*ple（紫）, p*ur*chase [pə́:rtʃəs]（買う）, abs*ur*d [əbsə́:rd]（ばかげた）

<解答>
1　[pə́:rpəs]（目的）, [tʃə:rtʃ], [fə́:rnitʃər], [hə:rt]
2　[ʃuər], [ljuər]（誘惑する）, [kjuər]（治す）, [pjuər]

第21位 ee・eer

(問) **ee・eer** の発音として正しいものを [i:], [iər], [eər] の中から選びなさい。

1　proc*ee*d　　succ*ee*d　　sw*ee*t　　s*ee*n
2　car*eer*　　pion*eer*　　qu*eer*　　ch*eer*

☆　ee は [i:]，eer は [iər] と発音
☆　**career woman は「キャリア・ウーマン」にあらず**　　career は [kəríər カリア] が正しく，「キャリア」と発音したのでは carrier (運ぶ人・保菌者) になってしまう。なお，-ee や -eer で終わる語は，原則としてアクセントを最後に置く。
（☞ アクセント編 "-ee, -eer, -oo, -oon" p. 91）

▶━▶ その他の頻出語 ◀━◀

1　[i:]　　b*ee*, *ee*l (ウナギ), sn*ee*ze (くしゃみ), st*ee*p (険しい), agr*ee* [əgríː],
　　　　　red*ee*m [ridíːm] (取りもどす)
2　[iər]　　b*eer* (ビール), st*eer* (操縦する), engin*eer* [èndʒiníər],
　　　　　volunt*eer* [vɑ̀ləntíər | vɔ̀l-] (志願者)

<解答>　1　[pro(u)síːd] (進む)，[səksíːd]，[swiːt] (suite「一続きの部屋」と同音)，[siːn]
　　　　2　[kəríər] (経歴)，[pàiəníər]，[kwiər]，[tʃiər]

第22位 ie・ier

(問) **ie・ier** の発音として正しいものを [i:], [ai], [iər] から選びなさい。

1　th*ie*f　　ach*ie*ve　　gr*ie*ve　　p*ie*ce
2　p*ie*　　t*ie*　　l*ie*　　d*ie*
3　f*ie*rce　　p*ie*rce

☆ ie は語中で [iː]，語尾で [ai] と発音　　アクセントのない音節では [i] となる。
　（例）mischief [místʃif]（いたずら）　cf. chief [tʃiːf]

☆ ier は [iər] と発音（☞ Supplement 3 - Ⅱ　p. 25）

例外　　friend [frend]

◂━ その他の頻出語 ━▸

1　[iː]　　br*ie*f, rel*ie*f（救助），pr*ie*st, shr*ie*k（金切り声を上げる），s*ie*ge [siːdʒ]（包囲），w*ie*ld（振り回す）

〈解答〉
1　[θiːf]（泥棒），[ətʃíːv]，[griːv]（深く悲しむ），[piːs]（一片；peace と同音）
2　[pai], [tai], [lai], [dai]
3　[fiərs]（荒々しい），[piərs]（突き通す）

第23位　er・ir　　CD 38

（問）*er・ir* の発音として正しいものを [ɑːr], [əːr] の中から選びなさい。

1　m*er*chant　　res*er*ve　　p*er*manent　　s*er*ve
2　th*ir*sty　　　b*ir*th　　　c*ir*cle　　　　f*ir*st

☆ er も ir も [əːr] と発音（☞ Supplement 3 - Ⅰ, Ⅱ　p. 25）

例外　　sergeant [sáːrdʒ(ə)nt]（軍曹）

◂━ その他の頻出語 ━▸

1　[əːr]　　h*er*d（家畜の群），t*er*m（期間），c*er*tain, conc*er*n [kənsə́ːrn]（関心事），err [əːr]（誤る）　cf. error [érər]（誤り・エラー）
2　[əːr]　　d*ir*ty, sh*ir*t（シャツ），st*ir*（かき回す），f*ir*（もみの木），f*ir*m（堅固な）

〈解答〉
1　[máːrtʃ(ə)nt], [rizə́ːrv]（取っておく），[páːrmənənt], [səːrv]
2　[θə́ːrsti], [bəːrθ], [sə́ːrk(ə)l], [fəːrst]

発音のルール（子音字）

第1位 ch

(問) **ch** の発音として正しいものを [tʃ]，[k]，[ʃ] の中から選びなさい。

1　*ch*aos　　　monar*ch*　　　a*ch*e　　　s*ch*ool
2　*ch*amber　　or*ch*ard　　　approa*ch*　　　*ch*air
3　mousta*ch*e　　ma*ch*ine

☆ **ch は [k] の出題頻度が高い**　ch は本来 [tʃ] と発音される。[k] となるのはギリシャ語起源の語で，試験に頻出するのはこちら。[ʃ] は少数で，フランス語系。

例外　**yacht** [jɑt | jɔt]（ヨット）の ch は黙字。

◄── その他の頻出語 ──►

1　[k]　　*ch*aracter [kǽriktər]（性格），e*ch*o [ékou]（反響・エコー），
　　　　　s*ch*olar [skálər | skɔ́l-]，s*ch*eme [skiːm]（計画），
　　　　　psy*ch*ology [saikálədʒi | -kɔ́l-]（心理学），epo*ch* [épɑk | íːpɔk]（時代），
　　　　　stoma*ch* [stʌ́mək]，ar*ch*itect [ɑ́ːrkitekt]（建築家），
　　　　　ar*ch*aic [ɑːrkéiik]（古代の），*ch*oir [kwaiər]（合唱団）

2　[tʃ]　　*ch*ange，atta*ch*，ba*ch*elor [bǽtʃ(ə)lər]（独身男性），ar*ch* (アーチ)，
　　　　　ar*ch*bishop [ɑ̀ːrtʃbíʃəp]（大司教）

<解答>　1　[kéiɑs | -ɔs]（混とん・カオス），[mánərk | mɔ́n-]（君主），[eik]（痛む），[skuːl]
　　　　2　[tʃéimbər]（部屋），[ɔ́ːrtʃərd]（果樹園），[əpróutʃ]，[tʃeər]
　　　　3　[məstǽʃ]（口ひげ），[məʃíːn]

第2位 th・ths

(問) *th*・*ths* の発音として正しいものを[θ], [ð], [θs], [ðz]の中から選びなさい。

1　smoo*th*　　　sou*th*ern　　　*th*ough　　　brea*th*e
2　*th*eory　　　sou*th*　　　　*th*ought　　　brea*th*
3　mon*ths*　　　dep*ths*
4　mou*ths*

☆ 語尾の -th は原則として [θ]　　smooth と with は例外。

☆ south [sauθ] — southern [sʌ́ðərn]　　breath [breθ] — breathe [briːð], bath [bæθ] — bathe [beið] など，派生に伴う [θ] → [ð] の変化がよく狙われる。（☞「派生語」Ⅱ，Ⅲ p.54）

☆ 語尾の -ths は mouths を除きすべて [θs]　　実際には，baths や paths など [ðz] と発音されるものもあるが，これらは [θs] とも発音されるため，mouths だけを [ðz] と覚えるのがよい。

例外　**Thames** [temz]（テムズ川），**Thomas** [tɑ́məs | tɔ́m-]（[男子の名] トマス）

---- その他の頻出語 ----

1　[ð]　　lea*th*er, fea*th*er, wrea*th*e [riːð]（花輪にする）

2　[θ]　　*th*rough [θruː], *th*orough [θə́ːrou | θʌ́rə], wrea*th* [riːθ]（花輪）

<解答>
1　[smuːð], [sʌ́ðərn], [ðou], [briːð]
2　[θíː(ː)əri], [sauθ], [θɔːt], [breθ]
3　[mʌnθs], [depθs] < deep
4　[mauðz] < mouth [mauθ]

第3位 X

(問) **x**の発音として正しいものを[ks], [gz], [kʃ]の中から選びなさい。

1 e*x*hibition   e*x*ercise   e*x*cuse   e*x*pect
2 e*x*hibit   e*x*aggerate e*x*ample e*x*ist
3 lu*x*ury   an*x*ious   refle*x*ion

☆ x は原則として [ks]
☆ ただし，アクセントのある母音の前では [gz]　　exhibit の h は黙字なので，x は母音 [i] の前になる。　例外　**éxit**
☆ -ion, -ious, -ur- などの前では [ks] は [kʃ] となる（☞ Supplement 6　p. 47）
☆ 語頭では [z]　　（例）xylophone [záiləfoun]（木琴・シロフォン）

→→→ その他の頻出語 →→→

1　[ks]　　e*x*ecute [éksikjùːt]（実行する），e*x*hale [ekshéil]（息を吐く），climax
2　[gz]　　e*x*act [igzǽkt]，e*x*haust [igzɔ́ːst]（使い果たす；h は黙字），
　　　　　　an*x*iety [æŋ(g)záiəti]（心配），e*x*ecutive [igzékjutiv]（行政部・重役）

<解答>　1　[èksibíʃ(ə)n]（展示），[éksərsàiz]，[動 ikskjúːz, 名 -kjúːs]，[ikspékt]
　　　　　2　[igzíbit]（展示する），[igzǽdʒərèit]（誇張する），[igzǽmpl]，[igzíst]
　　　　　3　[lʌ́kʃ(ə)ri]（ぜいたく），[ǽŋ(k)ʃəs]（心配して），[riflékʃ(ə)n]（反射）

第4位 ed

(問) **ed** の発音として正しいものを[d], [t], [id]の中から選びなさい。

1 advis*ed*   allow*ed*   call*ed*   surpris*ed*
2 laugh*ed*   watch*ed*   fix*ed*   push*ed*
3 wound*ed*   learn*ed* 形   wick*ed*   hatr*ed*

☆ **動詞の語尾 -ed の発音**
(i) [d] 以外の有声音 + ed … [d]
(ii) [t] 以外の無声音 + ed … [t]
(iii) [d], [t] + ed ………… [id]

☆ **形容詞化した語は [id]** 過去分詞から純然たる形容詞に変わった語は上の規則と関係なく [id] と発音される。

learned [lə:rnd]（過去・過去分詞）－ [lə́:rnid] 形 博学な
blessed [blest]（過去・過去分詞）－ [blésid] 形 幸福な

―― その他の頻出語 ――

1 [d]   changed, returned
2 [t]   stopped, missed
3 [id]   decided, wanted
        naked [néikid]（裸の）, rugged [rʌ́gid]（でこぼこの）, sacred [séikrid]（神聖な）, wretched [rétʃid]（あわれな）

〈解答〉
1 [ədváizd], [əláud], [kɔ:ld], [sərpráizd]
2 [læft | lɑ:ft], [wɑtʃt | wɔtʃt], [fikst], [puʃt]
3 [wú:ndid], [lə́:rnid], [wíkid]（邪悪な）, [héitrid]（憎しみ）

第5位 gh

(問) **gh** の発音として正しいものを [f], [g], [黙字] の中から選びなさい。

1 height   thorough   drought   sight
2 rough   cough   draught   enough
3 ghost

☆ **gh は黙字であることが多い** その次に多いのが [f] であり, [g] と発音されるのは少数。(☞ "ough" p.32, "augh" p.34,「黙字」p.51)

例外 hiccough （hiccup ともつづる）[híkʌp]（しゃっくり）

━━ その他の頻出語 ━━

1 [黙字]　sigh [sai] (ため息をつく)，fight，flight，tight，straight [streit] (真っすぐな; strait「海峡」と同音)，neighbor [néibər]，freight [freit] (貨物便)，weight
2 [f]　laugh，laughter [lǽftər] (笑い)，tough [tʌf]，trough [trɔːf] (かいば桶)
3 [g]　aghast [əgǽst] (びっくりした)

<解答>
1 [hait] (高さ) < high，[θɔ́ːrou | θʌ́rə] (完全な)，[drɔːt] (干ばつ)，[sait] (景色; site「場所」と同音)
2 [rʌf]，[kɔːf]，[dræft | drɑːft] (すきま風)，[inʌf]
3 [goust]

第6位 S・SS

(問) s・ss の発音として正しいものを [s]，[z]，[ʃ]，[ʒ]，[dʒ] の中から選びなさい。

1	decision	leisure	measure	treasure
2	disease	dessert	possess	lose
3	decease	guess	miss	loose
4	pressure	mission	tension	sure

☆ s や ss を [dʒ] と発音することはない（☞ Supplement 5　p. 44）
☆ -sion，-sure では，母音字の後なら [ʒ]，子音字の後なら [ʃ]，-ssion，-ssure では必ず [ʃ] と発音
　（☞ Supplement 6　p. 47）

━━ その他の頻出語 ━━

1 [ʒ]　pleasure，vision，division，occasion
2 [z]　advise，hose [houz] (ホース)，resolve [rizɑ́lv | -zɔ́lv] (決心する)，resign [rizáin] (辞任する)，houses [háuziz]
3 [s]　cease (終わる)，increase [名 ínkriːs / 動 inkríːs]，assume [əs(j)úːm] (仮定する)

<解答>
1 [disíʒ(ə)n]（決定）, [líːʒər, léʒ-], [méʒər], [tréʒər]
2 [dizíːz]（病気＜ dis + ease [íːz]）, [dizə́ːrt]（デザート）, [pəzés], [luːz]
3 [disíːs]（死亡＜ de + cease [siːs]）, [ges], [mis], [luːs]（ゆるい・ルーズな）
4 [préʃər], [míʃ(ə)n]（使節団）, [ténʃ(ə)n]（緊張）, [ʃuər]

● Supplement 5 ●　「ジ」と聞こえる音

　leisure [líːʒər, léʒ-] も jar [dʒɑːr]（かめ）も日本語では「レジャー」,「（炊飯）ジャー」と書く。[dʒ] と [ʒ] はどちらも「ジ」と聞こえ, 両者を区別するのはなかなか難しい。区別できない人は [ʒ] も [dʒ] も「ジ」と覚え, <u>s と z を「ジ」と発音する時は [ʒ], d, g, j を「ジ」と発音する時には [dʒ]</u> になると考えればよい。

　　[ʒ]　leisure, pleasure, seizure [síːʒər]（捕えること）
　　[dʒ]　soldier [sóuldʒər], procedure [prəsíːdʒər]（手順）, general, suggest, object, judge

例外　rouge [ruːʒ]（赤）＜フランス語からの借用。フランス語には [dʒ] の音がない＞

第7位　g

（問）　*g* の発音として正しいものを [g], [dʒ], [黙字] の中から選びなさい。

1　legend　　exaggerate　　ginger　　energy
2　gauge　　goat　　　　　guess　　 group
3　foreign　　gnat　　　　 reign　　 sign

☆ g は原則として [g]。ただし，e・i・y の前では [dʒ] と発音　　この規則には get，gear [giər]（ギア，歯車），eager [íːgər]（熱望して），give，giggle [gigl]（くっくっと笑う）など例外も多い。

☆ gn の g は語頭および語尾では黙字　（☞「黙字」p. 51）

例外　rouge [ruːʒ]（赤・ほお紅）

――― その他の頻出語 ―――

1　[dʒ]　　gentle，gem（宝石），genius [dʒíːniəs]，giant [dʒáiənt]，
　　　　　　fragile [frǽdʒ(ə)l]（こわれやすい），gymnastic [dʒimnǽstik]（体操の）
2　[g]　　 game，gun，grove（林）

<解答>　1　[lédʒ(ə)nd]（伝説），[igzǽdʒərèit]（誇張する），[dʒíndʒər]（しょうが），[énərdʒi]（活力・エネルギー）
　　　　2　[geidʒ]（標準寸法），[gout]，[ges]，[gruːp]
　　　　3　[fɔ́ːrən]，[næt]（ブヨ），[rein]（統治；rein「手綱」，rain と同音），[sain]

第8位　C・SC　　CD 46

(問)　c・sc の発音として正しいものを [s]，[ʃ]，[k]，[sk] の中から選びなさい。

1　certain　　cycle　　science　　cinema
2　curtain　　calf　　picnic　　coat
3　precious　 racial　 conscience　ancient
4　scale　　　escape　 screen　　scold

☆ c は原則として [k]。ただし，e・i・y の前では [s] と発音
☆ 「スペシアル」でなく「スペシャル」　ci（本来なら [si]）の後に -al [əl]，-ous [əs]，-ent [ənt] などが続くと，「同化」により，[siəl] → [ʃəl]，[siəs] → [ʃəs]，[siənt] → [ʃənt] となる。（☞ Supplement 6　p. 47）
☆ sc は原則として [sk]　　ただし，e・i・y の前で c が [s] となる時，sc は [ss → s]，c が後続の音に「同化」されて [ʃ] となる時，sc は [sʃ → ʃ]。

━━ その他の頻出語 ━━

1 [s]   *c*ell（細胞），*c*ease [si:s]（終わる），gro*c*ery（食料雑貨店），*c*itizen，*c*ynical [sínik(ə)l]（皮肉な），*sc*ene [si:n]，*sc*ent（香り），*sc*issors [sízərz]

2 [k]   *c*ase，*c*asual [kǽʒuəl]（無頓着な），*c*oat，*c*ucumber [kjú:kəmbər]

3 [ʃ]   spe*c*ial，o*c*ean，deli*c*ious，capri*c*ious [kəpríʃəs]（気まぐれな），vi*c*ious [víʃəs]（悪意のある），con*sc*ious [kánʃ(ə)s ｜ kɔ́n-]（意識している），con*sc*ientious [kànʃiénʃəs ｜ kɔ̀n-]（良心的な）

<解答>
1　[sə́:rt(i)n]，[sáik(ə)l]，[sáiəns]，[sínəmə]
2　[kə́:rt(ə)n]，[kæf]，[píknik]，[kout]
3　[préʃəs]（高価な），[réiʃəl]（人種の），[kánʃ(ə)ns ｜ kɔ́n-]（良心），[éinʃ(ə)nt]（古代の）
4　[skeil]（規模），[eskéip]，[skri:n]，[skould]

● **Supplement 6** ● 同化

ある音が隣接する他の音の影響により変化することを「同化」と言う。たとえば，nation は元は [neːsjən] であったが，[s] が [j] に同化されて [ʃ] となり，今日では [néiʃ(ə)n] と発音される。「さしすせそ」の「し」が [si] でなく [ʃi] となるのもこれと同じ。

<u>[s], [z], [t], [d] は [iə] や [ju(ə)] の前でそれぞれ [ʃ], [ʒ], [tʃ], [dʒ] となり易い</u>。なお，[i(ə)] や [ju(ə)] は -ion や -ure など，i, u で始まるつづりで表される。

(1) [s] → [ʃ]
ra*ci*al [*réisiəl → réiʃ(ə)l], an*ci*ent [*éinsiənt → éinʃ(ə)nt],
A*si*a [*éisiə → éiʃə], por*ti*on [pórsjən → pɔ́ːrʃ(ə)n], *su*re [sjuːr → ʃuər],
lu*xu*ry [*lʌ́ksjuri → lʌ́kʃ(ə)ri]

(2) [z] → [ʒ]
vi*si*on [*víziən → víʒ(ə)n], ca*su*al [*kǽzjuəl → kǽʒuəl],
sei*zu*re [*síːzjuər → síːʒər]

(3) [t] → [tʃ]
righ*teo*us [*ráitiəs → ráitʃəs], pic*tu*re [píktjur → píktʃər],
cen*tu*ry [*séntjuri → séntʃəri]

(4) [d] → [dʒ]
sol*di*er [*sóuldiər → sóuldʒər], e*du*cate [(英)édjukeit | (米)édʒukeit]
(* のついた発音は文字通りに読めばこうなるだろうというものを示したもので，実際に存在するわけではない)

第9位 gu

(問) **gu** の発音として正しいものを [g], [gu], [gw] の中から選びなさい。

1　g*u*ard　　　　g*u*est　　　　lea*gu*e　　　　va*gu*e
2　distin*gu*ish　　an*gu*ish　　lin*gu*ist　　lan*gu*age

☆ gu ＋母音 は [g＋母音]　　ただし，n の後では [gw＋母音] と発音
☆ 語尾の -gue は [g]　　ただし，-ngue は [ŋ] と発音　（例）tongue [tʌŋ]

例外　argue [ɑ́ːrgjuː]

◀── その他の頻出語 ──▶

1　[g]　　g*u*arantee [gǽrəntíː]（保証する），g*u*ess，g*u*ilty（有罪の），
　　　　　　dis*gu*ise [disgáiz]（変装させる），fati*gu*e [fətíːg]（疲れ），
　　　　　　pla*gu*e [pleig]（疫病），vo*gu*e（流行）

2　[gw]　exting*u*ish [ikstíŋgwiʃ]（消す），lang*u*id [lǽŋgwid]（けだるい）

＜解答＞
1　[gɑːrd]，[gest]，[liːg]（同盟），[veig]（あいまいな）
2　[distíŋgwiʃ]，[ǽŋgwiʃ]（苦悩），[líŋgwist]（言語学者），[lǽŋgwidʒ]

第10位 t

(問) **t** の発音として正しいものを [t], [ʃ], [tʃ], [黙字] の中から選びなさい。

1　pa*t*ient　　essen*t*ial　　par*t*ial　　na*t*ion
2　sta*t*ure　　for*t*une　　sugges*t*ion　　ques*t*ion
3　ches*t*nut　　wres*t*le　　balle*t*　　Chris*t*mas
4　s*t*udent　　*t*ype　　*t*ouch　　forge*t*

発音のルール（子音字） 49

☆ t は原則として [t]　　ただし, 同化により [ʃ], [tʃ] と発音
　（☞ Supplement 6　p. 47）
☆ -tion は [-ʃ(ə)n]　　ただし, -stion は [-stʃ(ə)n] と発音

─ その他の頻出語 ─

1　[ʃ]　　pa*ti*ence（忍耐），influen*ti*al [ìnfluénʃ(ə)l]（影響力のある），
　　　　 ra*ti*o [réiʃou]（比率），situa*ti*on [sìtʃuéiʃən]（状況）
2　[tʃ]　 righ*te*ous [ráitʃəs]（正しい），diges*ti*on [didʒéstʃ(ə)n]（消化），
　　　　 exhaus*ti*on [igzɔ́:stʃ(ə)n]（消耗），combus*ti*on [kəmbʌ́stʃ(ə)n]（燃焼），
　　　　 cen*tu*ry [séntʃuri]
3　[黙字]　☞「黙字」p. 51

<解答>　1　[péiʃ(ə)nt]（患者），[isénʃ(ə)l]，[pá:rʃ(ə)l]（部分的な），[néiʃ(ə)n]
　　　　2　[stǽtʃər]（身長），[fɔ́:rtʃ(ə)n]（運），[sədʒéstʃ(ə)n]，[kwéstʃ(ə)n]
　　　　3　[tʃésnət]，[résəl]（取っ組み合う）　cf. wrestling（レスリング），
　　　　　 [bǽlei]（バレエ），[krísməs]
　　　　4　[stjú:d(ə)nt]，[taip]，[tʌtʃ]，[fərgét]

第11位 ng・nk　　　　　　　　　　　　　　　CD 49

（問）　***ng*** の発音として正しいものを [ŋ], [ŋg] の中から選びなさい。

1　ki*ng*dom　　si*ng*er　　wro*ng*　　　you*ng*
2　fi*ng*er　　　hu*ng*ry　　you*ng*er　　you*ng*est

☆ -ng で終わる語と，その派生語では [ŋ]，その他は [ŋg] と発音
　　ただし，派生語であっても**比較級と最上級では [ŋg]** となる。
　　cf. { sing [siŋ] ─ singer [síŋər] ─ singing [síŋiŋ]
　　　　 strong [strɔ:ŋ] ─ stronger [strɔ́:ŋgər] ─ strongest [strɔ́:ŋgist] }
　　finger（指）は派生語ではない（fing という語幹は存在しない）ので [fíŋgər]。
☆ n + [k] は [ŋk]　　[g] の無声音である [k] の前でも n は [ŋ] となる。
　（例）thi*n*k [θiŋk]，disti*n*ct [distíŋkt]，a*n*chor [ǽŋkər]，a*n*xious [ǽŋkʃəs]

―― その他の頻出語 ――

1　[ŋ]　　　ki*ng*, ha*ng*（掛ける）, ha*ng*er [hǽŋər]（ハンガー・えもん掛け）
2　[ŋg]　　a*ng*le, a*ng*ry, E*ng*lish, la*ng*uage [lǽŋgwidʒ], li*ng*er [líŋgər]（ぐずぐずする）

<解答>
1　[kíŋdəm], [síŋər], [rɔːŋ], [jʌŋ]
2　[fíŋgər], [hǽŋgri], [jǽŋgər], [jǽŋgist]

第12位 qu

(問) **qu** の発音として正しいものを [k], [kw] の中から選びなさい。

1　con*qu*est　　*qu*ality　　*qu*een　　*qu*estion
2　con*qu*er　　*qu*ay　　li*qu*or　　uni*qu*e

☆ qu は原則として [kw]　　[k] となる語は少数。
☆ 語尾の -que は必ず [k] と発音

―― その他の頻出語 ――

1　[kw]　　*qu*iet [kwáiət], *qu*arter [kwɔ́ːrtər], *qu*arrel [kwɔ́ːrəl], a*qu*arium [əkwéəriəm]（水族館）, *qu*otation [kwo(u)téiʃ(ə)n]（引用文）, ac*qu*ire [əkwáiər], anti*qu*ity [æntíkwiti]（古さ）

2　[k]　　mos*qu*ito [məskíːtou]（蚊）, che*que* [tʃek]（小切手）, eti*qu*ette [ètikét], pictures*que* [pìktʃərésk]（絵のような）, techni*que* [tekníːk], anti*que* [æntíːk]（骨董品）　〈etiquette 以下はフランス語からの借用。アクセントが最後の音節にくることに注意。☞ アクセント編 "-esque, -ique, -igue" p. 96〉

<解答>
1　[kɑ́ŋkwest | kɔ́ŋ-]（征服）, [kwɑ́ləti | kwɔ́l-]（質）, [kwiːn], [kwéstʃ(ə)n]
2　[kɑ́ŋkər | kɔ́ŋ-]（征服する）, [kiː]（波止場）, [líkər]（酒類）, [juːníːk]

◀ 黙　字 ▶

(Ⅰ) 原則として発音されない文字

＜語頭＞

kn- の k	:	know, knife, knight (騎士；nightと同音), knock, knee
ps- の p	:	psychology [saikálədʒi ǀ -kɔ́l-] (心理学), psalm [sɑːm] (賛美歌)
pn- の p	:	pneumonia [njuː(ː)móuniə] (肺炎)
wr- の w	:	write, wrap (包む), wrestling (レスリング)
gn- の g	:	gnaw [nɔː] (かじる), gnat (ブヨ)

＜語尾＞

-bt の b	:	doubt [daut], debt　語尾ではないが subtle [sʌ́tl] (微妙な)
-mb の b	:	tomb [tuːm] (墓), comb [koum] (くし), bomb(er) [bám(ər) ǀ bɔ́m-] (爆弾 (爆撃機)), climb(er) [klaim(ər)]
-mn の n	:	autumn, column [kálәm ǀ kɔ́l-] (柱), condemn [kəndém] (非難する), solemn [sáləm ǀ sɔ́l-] (厳粛な)
-gn の g	:	sign, resign [rizáin] (辞職する), reign [rein] (統治), sovereign [sávrin ǀ sɔ́v-] (君主)
-igh(t) の gh	:	high, sigh [sai] (ため息), nigh [nai] (近くに), weigh [wei] (量る), sleigh [slei] (そり), neigh [nei] (いななく), night, light, delight (喜び), might
-alm の l	:	calm, palm (てのひら), balm (香油), alms [ɑːmz] (施し物) の alm は [ɑːm]。語尾ではないが, salmon [sǽmən] (サケ・サーモン)
-alk の l	:	talk, chalk (チョーク), balk (妨げる) の alk は [ɔːk]。
-alf の l	:	half [hæf ǀ hɑːf], calf [kæf ǀ kɑːf]

(Ⅱ) 例外的に発音されない文字

h	:	honest, honor, heir [eər] (相続人；air と同音), exhaust [igzɔ́:st] (使い果たす), exhibit [igzíbit] (展示する), rhythm [ríðəm] (リズム), shepherd [ʃépərd] (羊飼い)
t	:	Christmas, listen, castle, nestle (寄り添う), whistle, hasten [héis(ə)n] (急がせる) < haste, moisten [mɔ́is(ə)n] (湿らせる) < moist 〈以上, -st- に注目〉, soften [sɔ́:f(ə)n] < soft, ballet [bǽlei] (バレエ), mortgage [mɔ́:rgidʒ] (抵当)
s	:	isle [ail] (小島), island, aisle (廊下；isle と同音), viscount [váikàunt] (子爵)
c	:	indict [indáit] (告発する), victual [vítl] (食糧), muscle [mʌ́s(ə)l] (筋肉)　ただし, muscular [mʌ́skjulər] (筋骨たくましい)
d	:	Wednesday, handsome, handkerchief [hǽŋkərtʃif]
p	:	corps [kɔ:r] (軍団)　cf. corpse [kɔ:rps] (死体), cupboard [kʌ́bərd] (食器戸棚), receipt (レシート)
l	:	folk [fouk] (人々), colonel [kə́:rn(ə)l] (陸軍大佐)
w	:	answer [ǽnsər], sword [sɔ:rd] (刀)

◀ 派 生 語 ▶

派生に伴い同じつづりでも発音が変わるものがある。アクセントの移動とともに注意すること。

I 母音が変化するもの

＜長音 → 短音＞

1. ea [iː] → [e]

    m*ea*n — m*ea*nt　　　　　br*ea*the — br*ea*th
    z*ea*l（熱意）— z*ea*lous（熱心な）
    pl*ea*se — pl*ea*sant, pl*ea*sure
    cl*ea*n — cl*ea*nly, cl*ea*nse（清潔にする）, cl*ea*nser（洗剤・クレンザー）
    cf. br*ea*k [breik] — br*ea*kfast [brékfəst]

2. i [ai] → [i]

    w*i*de — w*i*dth　　　　　w*i*se — w*i*sdom
    w*i*ld — w*i*lderness（荒れ地）　d*i*vide — d*i*vision
    dr*i*ve — dr*i*ven　　　　dec*i*de — dec*i*sion
    l*i*ne — l*i*near [líniər]（直線の）
    v*i*ne（ブドウの木）— v*i*neyard [vínjərd]（ブドウ園）
    cf. l*i*ve [動 liv, 形 laiv] — al*i*ve [əláiv]（生きている）— l*i*vely [láivli]（元気のよい）

3. その他

    s*ay* [sei] — s*ays* [sez]
    s*a*ne [sein]（正気の）— s*a*nity [sǽniti]（正気）
    kn*ow* [nou] — kn*ow*ledge [nálidʒ | nɔ́l-]
    cf. w*o*man [wúmən] — w*o*men [wímin]
    　　h*ea*r [hiər] — h*ea*rd [həːrd]

＜アクセントの移動に伴う変化＞

adm*i*re [ədmáiər] — adm*i*rable [ǽdm(ə)rəbl]
hor*i*zon [həráizn] — hor*i*zontal [hɔ̀ːrizántl | -zɔ́n-]
Can*a*da [kǽnədə] — Can*a*dian [kənéidiən]

cour*a*ge [kə́:ridʒ | kʌ́ridʒ] — cour*a*geous [kəréidʒəs]
advant*a*ge [ədvǽntidʒ] — advant*a*geous [ӕdvəntéidʒəs]
f*a*mous [féiməs] — inf*a*mous [ínfəməs] (悪名高い)
mar*i*ne [mərí:n] — mar*i*ner [mǽrinər] (船乗り)
cre*a*te [kriéit] — cre*a*ture [krí:tʃər] (被造物・生物)
var*i*ous [véəriəs] — var*i*ety [vəráiəti]
ph*o*tograph [fóutəgrӕf | -grɑ:f] — ph*o*tography [fətágrəfi | -tɔ́g-]
z*oo* [zu:] — z*oo*logy [zouálədʒi | -ɔ́l-] (動物学)

※アクセントのとれた母音字は [ə] になりやすいことを上記の例で確認せよ。

II 子音が変化するもの

1. 子音 → 黙字

   sof*t* — sof*t*en [sɔ́:f(ə)n]　　　has*t*e — has*t*en [héisn]

2. 黙字 → 子音

   resig*n* — resig*n*ation [rèzignéiʃən]　　sig*n* — sig*n*ature [sígnətʃər]
   autum*n* — autum*n*al [ɔ:tʌ́mnəl]
   bom*b* — bom*b*ard [bɑmbá:rd | bɔm-] (爆撃する)
   solem*n* [sáləm | sɔ́l-] — solem*n*ity [səlémnəti] (厳粛さ)
   mus*c*le [mʌ́sl] — mus*c*ular [mʌ́skjulər] (筋骨たくましい)

3. 無声音 → 有声音

   wor*th* — wor*th*y　　　　　nor*th* — nor*th*ern
   mou*th* — mou*th*s [mauðz]　　hou*s*e — hou*s*es [háuziz]

4. 有声音 → 無声音

   e*x*hibit [igzíbit] — e*x*hibition [èksəbíʃən]

III 母音と子音が変化するもの

br*eath* [breθ] — br*eath*e [bri:ð]
s*outh* [sauθ] — s*outh*ern [sʌ́ðərn]
b*ath* [bӕθ | bɑ:θ] — b*ath*e [beið]
prec*ise* [prisáis] — prec*is*ion [prisíʒən]
an*x*ious [ǽŋkʃəs] — an*x*iety [ӕŋzáiəti]
cl*oth* [klɔ:θ | klɔθ] — cl*oth*es [klouðz] — cl*oth*ing [klóuðiŋ]

同音異義語

[eər]	air	(空気)
	heir	(相続人)
[ail]	aisle	(通路)
	isle	(島)
[əláud]	aloud	(声に出して)
	allowed	(< allow)
[əsént]	ascent	(上り坂)
	assent	(同意する)
[beər]	bare	(裸の)
	bear	(運ぶ, 熊)
[beis]	base	(土台)
	bass	(〈音楽〉バス, 低音)
[béri]	berry	(いちご)
	bury	(埋葬する)
[bə:rθ]	berth	(寝台)
	birth	(誕生)
[blu:]	blew	(< blow)
	blue	(青い)
[bau]	bough	(枝)
	bow	(お辞儀をする)
[bɔi]	boy	(少年)
	buoy	(ブイ)
[breik]	brake	(ブレーキ)
	break	(壊す)
[sel]	cell	(細胞)
	sell	(売る)
[sélər]	cellar	(地下室)
	seller	(販売人)
[sent]	cent	(セント)
	scent	(香り)
	sent	(< send)
[sait]	cite	(引用する)
	sight	(視力)
	site	(場所)
[diər]	dear	(親愛なる)
	deer	(鹿)
[dju:]	dew	(露)
	due	(当然の)
[dai]	die	(死ぬ)
	dye	(染める)
[feər]	fair	(美しい)
	fare	(料金)
[fi:t]	feat	(功績)
	feet	(< foot)
[fə:r]	fir	(もみの木)
	fur	(毛皮)
[flauər]	flour	(粉)
	flower	(花)
[fɔ:rθ]	forth	(前方へ)
	fourth	(第4番目の)
[faul]	foul	(悪い)
	fowl	(鳥)
[groun]	groan	(うなる)
	grown	(< grow)
[gest]	guessed	(< guess)
	guest	(客)

発音	語	意味	発音	語	意味
[heər]	hair	(毛髪)	[miːt]	meat	(肉)
	hare	(野ウサギ)		meet	(会う)
[hiːl]	heal	(治す)	[máinər]	miner	(鉱夫)
	heel	(かかと)		minor	(小さな)
[hiər]	hear	(聞こえる)	[mist]	missed	(< miss)
	here	(ここに)		mist	(霧)
[həːrd]	heard	(< hear)	[nʌn]	none	(誰も…でない)
	herd	(群れ)		nun	(尼)
[haiər]	higher	(< high)	[wʌn]	one	(一)
	hire	(雇う)		won	(< win)
[houl]	hole	(穴)	[pein]	pain	(苦痛)
	whole	(全体の)		pane	(ガラス板)
[hóuli]	holy	(神聖な)	[peər]	pair	(一対)
	wholly	(全面的に)		pear	(セイヨウナシ)
[kiː]	key	(鍵)	[piːs]	peace	(平和)
	quay	(波止場)		piece	(一片)
[nait]	knight	(騎士)	[plein]	plain	(平原)
	night	(夜)		plane	(平面)
[nou]	know	(知っている)	[poul]	pole	(棒)
	no	(いいえ)		poll	(投票)
[lein]	lain	(< lie)	[prei]	pray	(祈る)
	lane	(小路)		prey	(えじき)
[led]	lead	(鉛)	[práfit|prɔ́f-]	profit	(利益)
	led	(< lead)		prophet	(預言者)
[lés(ə)n]	lessen	(減ずる)	[rein]	rain	(雨)
	lesson	(授業)		reign	(統治)
[loun]	loan	(貸付金)		rein	(手綱)
	lone	(寂しい)	[reiz]	raise	(起こす)
[meid]	made	(< make)		rays	(< ray)
	maid	(娘)	[red]	read	(< read [riːd])
[meil]	mail	(郵便)		red	(赤)
	male	(男性)			

[rait]	right	(右の)	[stiːl]	steal	(盗む)
	write	(書く)		steel	(鋼鉄)
[riŋ]	ring	(リング)	[streit]	straight	(まっすぐな)
	wring	(しぼる)		strait	(海峡)
[roud]	road	(道路)	[swiːt]	suite	(一続きの部屋)
	rode	(< ride)		sweet	(甘い)
[roul]	role	(役割)	[teil]	tail	(尾)
	roll	(ころがる)		tale	(話)
[ruːt]	root	(根)	[θruː]	threw	(< throw)
	route	(道)		through	(…を通して)
[seil]	sail	(帆走する)	[θroun]	throne	(王座)
	sale	(売却)		thrown	(< throw)
[sɔːr]	soar	(舞い上がる)	[vein]	vain	(むだな)
	sore	(痛い)		vein	(静脈)
[siːn]	scene	(場面)	[weist]	waist	(腰)
	seen	(< see)		waste	(荒れ果てた)
[siː]	sea	(海)	[weit]	wait	(待つ)
	see	(見える)		weight	(重さ)
[siːm]	seam	(縫い目)	[wɔːrn]	warn	(警告する)
	seem	(…と思われる)		worn	(< wear)
[sou]	sew	(縫う)	[wei]	way	(道)
	sow	(種をまく)		weigh	(量る)
[soul]	sole	(唯一の,足裏)	[weər]	wear	(着る)
	soul	(魂)		ware	(品;注意深い)
[sʌm]	some	(いくつかの)	[wiːk]	weak	(弱い)
	sum	(合計)		week	(週)
[sʌn]	son	(息子)	[wud]	wood	(木材)
	sun	(太陽)		would	(< will)
[steər]	stair	(階段の一段)			
	stare	(じろじろ見る)			
[steik]	stake	(くい)			
	steak	(ステーキ)			

練習問題

◆母音に関する問題◆

1 下記の語 a～d の下線部の文字 a と同じ発音を持つ文字 a を含む語を，下記の語群（1～8）から選び，記号で答えなさい。　（宇都宮大）

　　a. m<u>a</u>de　　b. sm<u>a</u>ll　　c. <u>a</u>ny　　d. f<u>a</u>t

[語群]
1 bl<u>a</u>de　　2 bl<u>a</u>nket　　3 f<u>a</u>lse　　4 m<u>a</u>ny
5 n<u>a</u>rrow　　6 p<u>a</u>d　　7 repl<u>a</u>ce　　8 t<u>a</u>lk

<解答>　a. [ei] — 1, 7　　b. [ɔː] — 3, 8　　c. [e] — 4
　　　　d. [æ] — 2, 5, 6

2 次の各組の単語のうち，下線部の発音が他と異なるものを選び出し，その番号を書きなさい。

(1)　1 p<u>ie</u>ce　　2 cr<u>ea</u>ture　　3 pr<u>e</u>vious　　4 p<u>ie</u>　（神戸女子大）

(2)　1 t<u>au</u>ght　　2 l<u>aw</u>　　3 f<u>au</u>lt　　4 c<u>oa</u>l　（独協大）

(3)　1 abr<u>oa</u>d　　2 c<u>oa</u>ch　　3 c<u>oa</u>st　　4 thr<u>oa</u>t　（関西外語大）

(4)　1 c<u>o</u>mb　　2 gh<u>o</u>st　　3 l<u>o</u>st　　4 c<u>o</u>ld　（清泉女子大）

(5)　1 s<u>ei</u>ze　　2 r<u>ei</u>gn　　3 c<u>ei</u>ling　　4 rec<u>ei</u>pt　（千葉工大）

<解答>　(1) — 4 [ai]　他は [iː]　　(2) — 4 [ou]　他は [ɔː]
　　　　(3) — 1 [ɔː]　他は [ou]　　(4) — 3 [ɔː | ɔ]　他は [ou]
　　　　(5) — 2 [rein]　他は [iː]

【注意】　(1) — 3 [príːviəs]　　　(5) — 4 [risíːt]

3 次の各組の単語のうち，下線部の発音が他と異なるものを選び出し，その番号を書きなさい。

(1)　1　br<u>ee</u>ze　　2　h<u>ea</u>lthy　　3　bel<u>ie</u>ve
　　 4　cl<u>ea</u>n　　 5　k<u>ey</u>
　　　　　　　　　　　　　　　　　　　　　（ノートルダム清心女子大）

(2)　1　d<u>e</u>cent　　2　t<u>e</u>dious　　3　l<u>e</u>gal
　　 4　l<u>e</u>gend　　5　pr<u>e</u>vious
　　　　　　　　　　　　　　　　　　　　　（日本大）

(3)　1　m<u>ai</u>d　　2　pl<u>ai</u>n　　3　r<u>ai</u>n
　　 4　l<u>ai</u>d　　5　s<u>ai</u>d
　　　　　　　　　　　　　　　　　　　　　（日本福祉大）

(4)　1　b<u>ui</u>ld　　2　fl<u>ui</u>d　　3　g<u>ui</u>lt
　　 4　b<u>i</u>scuit　5　g<u>ui</u>tar
　　　　　　　　　　　　　　　　　　　　　（清泉女子大）

(5)　1　f<u>u</u>n　　2　c<u>o</u>mpany　　3　c<u>ou</u>ple
　　 4　c<u>o</u>lor　　5　c<u>u</u>shion
　　　　　　　　　　　　　　　　　　　　　（関東学院大）

(6)　1　c<u>ou</u>ntry　　2　c<u>ou</u>sin　　3　d<u>ou</u>ble
　　 4　s<u>ou</u>thern　　5　w<u>ou</u>nd
　　　　　　　　　　　　　　　　　　　　　（東北学院大）

(7)　1　s<u>y</u>stem　　2　m<u>y</u>th　　3　den<u>y</u>
　　 4　rh<u>y</u>thm　　5　p<u>y</u>ramid
　　　　　　　　　　　　　　　　　　　　　（名古屋学院大）

(8)　1　cr<u>ow</u>n　　2　all<u>ow</u>　　3　dr<u>ow</u>n
　　 4　cr<u>ow</u>　　5　f<u>ow</u>l
　　　　　　　　　　　　　　　　　　　　　（東京薬科大）

(9)　1　h<u>ear</u>t　　2　h<u>ear</u>d　　3　h<u>ur</u>t
　　 4　ass<u>er</u>t　　5　d<u>ir</u>t
　　　　　　　　　　　　　　　　　　　　　（ノートルダム清心女子大）

(10)　1　b<u>ear</u>d　　2　b<u>ear</u>　　3　p<u>eer</u>
　　 4　g<u>ear</u>　　5　r<u>ear</u>
　　　　　　　　　　　　　　　　　　　　　（阪南大）

<解答>　(1) — 2 [e] 他は [iː]　　(2) — 4 [e] 他は [iː]
　　　　(3) — 5 [e] 他は [ei]　　(4) — 2 [flúːid] 他は [i]
　　　　(5) — 5 [u] 他は [ʌ]　　(6) — 5 [uː または au] 他は [ʌ]
　　　　(7) — 3 [dinái] 他は [i]　　(8) — 4 [ou] 他は [au]
　　　　(9) — 1 [ɑːr] 他は [əːr]　　(10) — 2 [eər] 他は [iər]

【注意】(2) — 2 [tíːdiəs], 5 [príːviəs]　　(7) — 4 [ríð(ə)m]
　　　　(9) (☞ Supplement 3 - I　p. 25)

4 次の各組の単語について，左端の語の下線部と異なる音を持つ語を1～4・5の中から選び，その番号を書きなさい。

(1) w<u>i</u>de　　1 w<u>i</u>lderness　　2 w<u>i</u>nding
　　　　　　　3 t<u>i</u>de　　　　 4 s<u>i</u>gh　　　　　　（立正大）
(2) s<u>ou</u>r　　1 t<u>ow</u>er　　　2 fl<u>ow</u>er
　　　　　　　3 fl<u>ou</u>r　　　 4 fl<u>oo</u>r　　　　　（別府大）
(3) sw<u>ea</u>t　1 w<u>ea</u>pon　　2 scr<u>ea</u>m
　　　　　　　3 tr<u>ea</u>d　　　 4 m<u>ea</u>dow　　　（立命館大）
(4) gl<u>a</u>d　　1 f<u>a</u>shion　　2 <u>a</u>ction
　　　　　　　3 sw<u>a</u>llow　　4 s<u>a</u>mple　　　（日本大）
(5) gl<u>o</u>ve　1 d<u>o</u>ve　　2 gr<u>o</u>ve　　3 <u>o</u>ven
　　　　　　　4 t<u>o</u>ngue　 5 <u>u</u>gly　　　　　　（成蹊大）
(6) p<u>ur</u>chase 1 b<u>ir</u>d　　2 det<u>er</u>mine　3 h<u>ear</u>t
　　　　　　　4 <u>ear</u>ly　 5 conv<u>er</u>t　　　　　（同志社大）

＜解答＞　(1) [w<u>ai</u>d] — 1 [i]　　　　(2) [s<u>au</u>ər] — 4 [ɔːr]
　　　　(3) [sw<u>e</u>t] — 2 [iː]　　　　(4) [gl<u>æ</u>d] — 3 [ɑ｜ɔ]
　　　　(5) [gl<u>ʌ</u>v] — 2 [ou]　　　(6) [p<u>ə́ːr</u>tʃəs] — 3 [ɑːr]

【注意】(1) — 1　wilderness [wíldərnəs] < wild [waild]　（☞「派生語」p. 53）
　　　 (2) — 3　flour [flauər] は flower と同音。
　　　 (6) （☞ Supplement 3 - I　p. 25）

5 次の各組の単語について，左端の語の下線部と同じ音を持つ語を1～4の中から選び，その番号を書きなさい。

(1) d<u>aw</u>n　　 1 <u>a</u>llowance　2 <u>aw</u>e
　　　　　　　3 bl<u>ow</u>　　　　4 <u>ow</u>l　　　　（立命館大）
(2) v<u>ary</u>　　1 f<u>urry</u>　　　2 b<u>erry</u>
　　　　　　　3 h<u>airy</u>　　　4 w<u>eary</u>　　　（同志社女子大）
(3) <u>o</u>ven　　1 w<u>o</u>n　　　　2 cl<u>o</u>th
　　　　　　　3 b<u>o</u>som　　　4 l<u>o</u>w　　　　（同志社女子大）
(4) <u>a</u>ncient　1 tre<u>a</u>sure　　2 <u>a</u>ncestor
　　　　　　　3 delic<u>a</u>te　　4 v<u>a</u>gue　　　（同志社女子大）

(5)	sergeant	1	service	2	pearl		
		3	farm	4	pierce	(青山学院大)	
(6)	worn	1	folk	2	goal		
		3	warm	4	worm	(立命館大)	
(7)	subtle	1	burial	2	business		
		3	abuse	4	lucky	(立命館大)	

<解答> (1)―2 (2)―3 (3)―1 (4)―4 (5)―3 (6)―3 (7)―4

(1) [ɔː] 1 [au] 2 [ɔː] 3 [ou] 4 [au]
(2) [véəri] 1 [fə́ːri] 2 [béri] 3 [héəri] 4 [wíəri]
(3) [ʌ] 1 [ʌ] 2 [ɔː | ɔ] 3 [u] 4 [ou]
(4) [ei] 1 [e] 2 [æ] 3 [e] 4 [ei]
(5) [ɑːr] 1 [əːr] 2 [əːr] 3 [ɑːr] 4 [iər]
(6) [ɔːr] 1 [ou] 2 [ou] 3 [ɔːr] 4 [əːr]
(7) [sʌ́tl] 1 [e] 2 [i] 3 [juː] 4 [ʌ]

【注意】 (3)―3 [búzəm] (4)―4 [veig] (7)―1 [bériəl] < bury [béri]

6 次の各組の単語について，左端の語の下線部と同じ音を持つ語を1～5の中から選び，その番号を書きなさい。

(1)	creature	1	sweat	2	feast	3	weather	
		4	sweater	5	break		(日本大)	
(2)	sew	1	few	2	view	3	stew	
		4	low	5	chew		(桜美林大)	
(3)	tough	1	rough	2	cough	3	bough	
		4	thorough	5	though		(京都外語大)	
(4)	pool	1	foot	2	brooch	3	women	
		4	wood	5	food		(別府大)	
(5)	load	1	oath	2	abroad	3	fought	
		4	taught	5	crowd		(日本大)	
(6)	height	1	horizon	2	weight	3	freight	
		4	breakfast	5	creature		(近畿大)	
(7)	claim	1	aisle	2	crime	3	rain	
		4	said	5	leisure		(名城大)	

<解答>　(1)—2　(2)—4　(3)—1　(4)—5　(5)—1　(6)—1　(7)—3

(1)	[iː]	イ	[e]	ロ	[iː]	ハ	[e]	ニ	[e]	ホ	[ei]
(2)	[ou]	イ	[juː]	ロ	[juː]	ハ	[(j)uː]	ニ	[ou]	ホ	[uː]
(3)	[ʌf]	イ	[ʌf]	ロ	[ɔːf | ɔf]	ハ	[au]	ニ	[ou]	ホ	[ou]
(4)	[uː]	イ	[u]	ロ	[ou]	ハ	[i]	ニ	[u]	ホ	[uː]
(5)	[ou]	イ	[ou]	ロ	[ɔː]	ハ	[ɔː]	ニ	[ɔː]	ホ	[au]
(6)	[ai]	イ	[ai]	ロ	[ei]	ハ	[ei]	ニ	[e]	ホ	[iː]
(7)	[ei]	イ	[ai]	ロ	[ai]	ハ	[ei]	ニ	[e]	ホ	[iː, e]

【注意】　(3)—4　[θə́ːrou | θʌ́rə]　　(4)—2　[broutʃ]
　　　　　(7)—1　[ail], 5　[líːʒər, léʒ-]

---

7 次の1～5のそれぞれにおいて，イ～ホの語の下線部の発音の中に，左端の語の下線部の発音と同じものが1つずつある。その符号をマークせよ。

（立教大）

		イ		ロ		ハ	
1.	Asia		bald		fall		major
		ニ	patch	ホ	vary		
2.	bosom		fond		grove		hold
		ニ	oven	ホ	woman		
3.	burial		amuse		business		cleanse
		ニ	fury	ホ	purity		
4.	glove		globe		lodge		mother
		ニ	prove	ホ	wolf		
5.	plow		blow		bowl		grow
		ニ	owl	ホ	throw		

<解答>　1.—ハ　2.—ホ　3.—ハ　4.—ハ　5.—ニ

		イ		ロ		ハ		ニ		ホ	
1.	[ei]		[ɔː]		[ɔː]		[ei]		[æ]		[eə]
2.	[u]		[ɑ | ɔ]		[ou]		[ou]		[ʌ]		[u]
3.	[e]		[juː]		[i]		[e]		[juə]		[juə]
4.	[ʌ]		[ou]		[ɑ | ɔ]		[ʌ]		[uː]		[u]
5.	[au]		[ou]		[ou]		[ou]		[au]		[ou]

【注意】 3. ハ cleanse [klenz]　cf. clean [kli:n]，ニ [fjú(ə)ri]，
ホ [pjú(ə)rəti]

---

8 次の(A)〜(E)の各組において，(1)〜(4)の語の中から下線部の発音が左端の語の下線部の発音と同じものをそれぞれ1つずつ選び，その番号をマークせよ。　　　　　　　　　　　　　　　　　　　　　　　　（立命館大）

(A)	h<u>ou</u>r	(1)	h<u>o</u>nour	(2)	p<u>ou</u>r	
		(3)	y<u>ou</u>r	(4)	fl<u>ou</u>r	
(B)	w<u>o</u>nder	(1)	w<u>a</u>nder	(2)	ab<u>o</u>ve	
		(3)	pr<u>o</u>ve	(4)	gr<u>o</u>ve	
(C)	br<u>ea</u>d	(1)	gr<u>ea</u>t	(2)	tr<u>ea</u>t	
		(3)	l<u>ea</u>ther	(4)	def<u>ea</u>t	
(D)	w<u>ar</u>	(1)	w<u>or</u>m	(2)	rew<u>ar</u>d	
		(3)	w<u>or</u>th	(4)	f<u>ar</u>m	
(E)	all<u>ow</u>	(1)	y<u>ou</u>th	(2)	yell<u>ow</u>	
		(3)	c<u>ou</u>ntry	(4)	tr<u>ou</u>sers	

<解答>　(A) — (4)　(B) — (2)　(C) — (3)　(D) — (2)　(E) — (4)

(A)	[auər]	(1)	[ər]	(2)	[ɔːr]	(3)	[uər]	(4)	[auər]
(B)	[ʌ]	(1)	[ɑ｜ɔ]	(2)	[ʌ]	(3)	[uː]	(4)	[ou]
(C)	[e]	(1)	[ei]	(2)	[iː]	(3)	[e]	(4)	[iː]
(D)	[ɔːr]	(1)	[əːr]	(2)	[ɔːr]	(3)	[əːr]	(4)	[ɑːr]
(E)	[au]	(1)	[uː]	(2)	[ou]	(3)	[ʌ]	(4)	[au]

9 次の１〜10について，下線部の音が他の３語と異なる語をａ〜ｄの中から１つずつ選びなさい。　　　　　　　　　　（関西外語大）

1. a c<u>o</u>me　　b c<u>ou</u>ntry　　c gh<u>o</u>st　　d t<u>ou</u>gh
2. a fl<u>oo</u>d　　b l<u>oo</u>se　　c l<u>o</u>se　　d sh<u>oe</u>
3. a h<u>ea</u>d　　b m<u>ea</u>l　　c s<u>ai</u>d　　d s<u>ay</u>s
4. a l<u>a</u>bel　　b h<u>eigh</u>t　　c r<u>ai</u>n　　d r<u>ei</u>n
5. a <u>au</u>nt　　b <u>au</u>tumn　　c l<u>aw</u>　　d th<u>ough</u>t
6. a b<u>ear</u>　　b h<u>eir</u>　　c <u>ear</u>　　d st<u>air</u>
7. a br<u>ea</u>th　　b c<u>ei</u>ling　　c p<u>eo</u>ple　　d s<u>e</u>cret
8. a b<u>uy</u>　　b l<u>ay</u>　　c str<u>ipe</u>　　d tr<u>ia</u>l
9. a h<u>o</u>me　　b r<u>oa</u>d　　c thr<u>ough</u>　　d thr<u>ow</u>
10. a br<u>a</u>very　　b m<u>a</u>nner　　c p<u>a</u>radise　　d pl<u>a</u>tform

＜解答＞　1.―c [ou] 他は [ʌ]　　　　 2.―a [ʌ] 他は [uː]
　　　　 3.―b [iː] 他は [e]　　　　　 4.―b [ai] 他は [ei]
　　　　 5.―a [æ|ɑː] 他は [ɔː]　　　 6.―c [iər] 他は [eər]
　　　　 7.―a [e] 他は [iː]　　　　　 8.―b [ei] 他は [ai]
　　　　 9.―c [uː] 他は [ou]　　　　10.―a [ei] 他は [æ]

【注意】　2.―b [luːs]　　4.―rain と rein（手綱）は同音。
　　　　 6.―b heir [eər]（相続人）

◆子音に関する問題◆

1 次の各組の単語のうち，下線部の発音が他と異なるものを選び出し，その番号を書きなさい．

(1)　1　mousta̱che　　2　mona̱rch
　　　3　sche̱me　　　4　a̱che　　　　　　　　　　（清泉女子大）

(2)　1　a̱nger　　　　2　fi̱nger
　　　3　ha̱nger　　　4　hu̱nger　　　　　　　　　（東海大）

(3)　1　excu̱se　　　 2　exe̱cute
　　　3　exha̱ust　　 4　exhi̱bition　　　　　　　　（関西外語大）

(4)　1　sc̱are　　　　2　sc̱ene　　　3　sc̱hool
　　　4　sc̱orn　　　　5　sc̱ream　　　　　　　　 （上智大）

(5)　1　rugge̱d　　　 2　nake̱d　　　3　damage̱d
　　　4　limite̱d　　　5　wretche̱d　　　　　　　　（山形大）

(6)　1　smoo̱th　　　 2　leng̱th　　 3　brea̱the
　　　4　sou̱thern　　 5　noṟthern　　　　　　　　（東京薬科大）

(7)　1　fas̱ten　　　 2　cas̱tle　　　3　suḇtle
　　　4　sof̱ten　　　 5　Chris̱tmas　　　　　　　（日本大）

(8)　1　ques̱tion　　 2　combus̱tion　3　exhaus̱tion
　　　4　diges̱tion　　5　educa̱tion　　　　　　　（阪南大）

(9)　1　com̱b　　　　 2　deḇt　　　 3　jo̱b
　　　4　lam̱b　　　　 5　suḇtle　　　　　　　　　（梅花女子大）

(10) 1　dau̱ghter　　 2　fig̱ht　　　3　laug̱hter
　　　4　thoug̱ht　　　5　thig̱h　　　　　　　　　（別府大）

<解答>　(1) — 1 [ʃ]　他は [k]　　(2) — 3 [ŋ]　他は [ŋg]
　　　　(3) — 3 [gz]　他は [ks]　　(4) — 2 [s]　他は [sk]
　　　　(5) — 3 [d]　他は [id]　　(6) — 2 [θ]　他は [ð]
　　　　(7) — 3 [t]　他は [黙字]　(8) — 5 [ʃ(ə)n]　他は [tʃ(ə)n]
　　　　(9) — 3 [b]　他は [黙字]　(10) — 3 [f]　他は [黙字]

【注意】　(1) — 1 [məstǽʃ], 2 [mánərk | mɔ́n-], 3 [skiːm], 4 [eik]
　　　　(2) — 3　hanger（＜ hang）だけが -ng で終わる語の派生語．
　　　　(3) — 2　execute [éksikjùːt]　cf. executive [egzékjutiv],
　　　　　　　　4　exhibition [èksibíʃ(ə)n]　cf. exhibit [igzíbit]
　　　　(5) — 1 [rʌ́gid], 2 [néikid], 5 [rétʃid]
　　　　(9) — 1 [koum], 5 [sʌ́tl]　　(10) — 5 [θai]

2 次の(1)〜(7)については左端の語の下線部と同じ音を持つ語を，(8)については異なる音を持つ語を，1〜4の中から選び，その番号を書きなさい。

(1)	tem<u>p</u>t	1	recei<u>p</u>t	2	<u>p</u>sychology	
		3	cor<u>p</u>s	4	sam<u>p</u>le	(拓殖大)
(2)	con<u>qu</u>er	1	e<u>qu</u>ivalent	2	eti<u>qu</u>ette	
		3	<u>qu</u>eer	4	<u>qu</u>iet	(関西外語大)
(3)	loo<u>s</u>e	1	di<u>s</u>ease	2	tea<u>s</u>e	
		3	decea<u>s</u>e	4	lo<u>s</u>e	(立命館大)
(4)	l<u>au</u>ghter	1	gh<u>o</u>stly	2	r<u>ou</u>gh	
		3	h<u>ei</u>ght	4	th<u>ou</u>ght	(立命館大)
(5)	<u>g</u>em	1	<u>g</u>inger	2	<u>g</u>iggle	
		3	<u>g</u>ift	4	<u>g</u>ear	(中央大)
(6)	de<u>s</u>ign	1	de<u>s</u>ire	2	<u>s</u>ign	
		3	cour<u>s</u>e	4	plea<u>s</u>ure	(東海大)
(7)	watch<u>ed</u>	1	wound<u>ed</u>	2	begg<u>ed</u>	
		3	fix<u>ed</u>	4	light<u>ed</u>	(駒沢大)
(8)	fati<u>gue</u>	1	pla<u>gue</u>	2	va<u>gue</u>	
		3	lea<u>gue</u>	4	ar<u>gue</u>	(立命館大)

<解答> (1)—4　(2)—2　(3)—3　(4)—2
　　　　(5)—1　(6)—1　(7)—3　(8)—4

(1) [tempt]　1 [risíːt]　2 [saikáːlədʒi | -kɔ́l-]　3 [kɔːr]
　　4 [sæmpl | sáːmpl]
(2) [káŋkər | kɔ́ŋ-]　1 [ikwívələnt]　2 [étikət]　3 [kwíər]
　　4 [kwáiət]
(3) [luːs]　1 [dizíːz]　2 [tiːz]　3 [disíːs]　4 [luːz]
(4) [lǽftər | láːftə]　1 [góustli]　2 [rʌf]　3 [hait]　4 [θɔːt]
(5) [dʒem]　1 [dʒíndʒər]　2 [gíg(ə)l]　3 [gift]　4 [giər]
(6) [dizáin]　1 [dizáiər]　2 [sain]　3 [kɔːrs]　4 [pléʒər]
(7) [wɑtʃt | wɔtʃt]　1 [wúːndid]　2 [begd]　3 [fikst]
　　4 [láitid]
(8) [fətíːg]　1 [pleig]　2 [veig]　3 [liːg]　4 [áːrgjuː]

3 次の各語群の中で，下線部の発音が他と異なるものをそれぞれ1〜4の中から1つずつ選びなさい。　　　　　　　　　　（東京薬科大）

a	1	<u>ch</u>aracter	2	<u>ch</u>erry	3	<u>ch</u>ance	4	<u>ch</u>ill
b	1	thou<u>gh</u>t	2	lau<u>gh</u>ter	3	dau<u>gh</u>ter	4	fi<u>gh</u>t
c	1	loo<u>s</u>e	2	boxe<u>s</u>	3	mouth<u>s</u>	4	tiger<u>s</u>
d	1	<u>g</u>uilt	2	ambi<u>g</u>uous	3	fin<u>g</u>er	4	le<u>g</u>end
e	1	o<u>x</u>en	2	mi<u>x</u>er	3	e<u>x</u>otic	4	e<u>x</u>ercise

<解答>　a — 1 ［k］　他は［tʃ］　　　b — 2 ［f］　他は［黙字］
　　　　c — 1 ［s］　他は［z］　　　d — 4 ［dʒ］　他は［g］
　　　　e — 3 ［gz］　他は［ks］

【注意】　c — 3 ［mauðz］ < mouth ［mauθ］
　　　　d — 2 ［æmbígjuəs］（あいまいな）
　　　　e — 3 ［igzátik｜-zɔ́t-］　他の語とのアクセント位置の違いに注意。

4 次の各組の1から4までの語のうちから，下線部の発音が他の3語と異なるものを1つずつ選び，その番号を○で囲め。　　　　　　（東北歯科大）

(1)	1	dou<u>b</u>t	2	dou<u>b</u>le	3	com<u>b</u>ine	4	neigh<u>b</u>or
(2)	1	ans<u>w</u>er	2	<u>w</u>rist	3	s<u>w</u>ord	4	s<u>w</u>eater
(3)	1	cea<u>s</u>e	2	i<u>s</u>land	3	di<u>s</u>order	4	<u>s</u>creen
(4)	1	fi<u>g</u>ure	2	forei<u>g</u>ner	3	si<u>g</u>nal	4	youn<u>g</u>er
(5)	1	sof<u>t</u>en	2	fas<u>t</u>en	3	frigh<u>t</u>en	4	mois<u>t</u>en

<解答>　(1) — 1 ［黙字］　他は［b］　　　(2) — 4 ［w］　他は［黙字］
　　　　(3) — 2 ［黙字］　他は［s］　　　(4) — 2 ［黙字］　他は［g］
　　　　(5) — 3 ［t］　他は［黙字］

【注意】　(1) — 4 ［néibər］　　　　　　(2) — 1 ［ǽnsər｜áːnsə］，3 ［sɔːrd］
　　　　(4) — 2 ［fɔ́(ː)rinər］，4 ［jʌ́ŋgər］< young ［jʌŋ］
　　　　(5) — 3 ［fráitn］，4 ［mɔ́is(ə)n］（湿らす）< moist ［mɔist］（湿った）

◆混合問題◆

1 次のそれぞれの語群の中で，下線部の発音が左端の単語の下線部と異なるものを，1～4の中から1つずつ選びなさい。　　（東京薬科大）

a	anc<u>i</u>ent	1	p<u>a</u>tient	2	w<u>a</u>ste
		3	<u>a</u>ncestor	4	ch<u>a</u>mber
b	h<u>o</u>st	1	<u>o</u>nly	2	<u>o</u>ven
		3	gh<u>o</u>st	4	gl<u>o</u>be
c	d<u>ea</u>f	1	f<u>ea</u>ture	2	m<u>ea</u>dow
		3	m<u>ea</u>sure	4	sw<u>ea</u>ter
d	clo<u>th</u>ing	1	benea<u>th</u>	2	wor<u>th</u>y
		3	mou<u>th</u>s	4	smoo<u>th</u>
e	di<u>s</u>ease	1	clau<u>s</u>e	2	plea<u>s</u>e
		3	cau<u>s</u>e	4	cea<u>s</u>e

<解答>　a [éinʃ(ə)nt] － 3 [æ]　　b [houst] － 2 [ʌ]
　　　　c [def] － 1 [iː]　　d [klouðiŋ] － 1 [θ]
　　　　e [dizíːz] － 4 [s]

【注意】a－1 [péiʃ(ə)nt], 3 [ǽnsestər], c－4 [swétər]（セーター）
　　　　d－3 [mauðz] < mouth [mauθ]

2 各組の5つの単語のうち，下線部の発音が他と異なるものが1つあります。それを選び，その記号を記入しなさい。　（ノートルダム清心女子大）

1	(a)	fl<u>oo</u>d	(b)	w<u>oo</u>l	(c)	f<u>oo</u>t	
	(d)	h<u>oo</u>d	(e)	l<u>oo</u>k			
2	(a)	<u>ch</u>orus	(b)	ar<u>ch</u>	(c)	<u>ch</u>aracter	
	(d)	ar<u>ch</u>itect	(e)	monar<u>ch</u>y			
3	(a)	t<u>ow</u>el	(b)	b<u>ow</u>l	(c)	fr<u>ow</u>n	
	(d)	pl<u>ow</u>	(e)	h<u>ow</u>l			
4	(a)	lo<u>s</u>e	(b)	univer<u>s</u>e	(c)	loo<u>s</u>e	
	(d)	de<u>s</u>cribe	(e)	u<u>s</u>eful			
5	(a)	lik<u>ed</u>	(b)	excit<u>ed</u>	(c)	pack<u>ed</u>	
	(d)	pitch<u>ed</u>	(e)	slic<u>ed</u>			

<解答> 1 — (a) [ʌ]　他は [u]　　2 — (b) [tʃ]　他は [k]
3 — (b) [ou]　他は [au]　　4 — (a) [z]　他は [s]
5 — (b) [id]　他は [t]

【注意】 1 — (b) [wul] (ウール),　(d) [hud] (フード)
2 — (a) [kɔ́ːrəs],　(e) [mánərki | mɔ́n-]
3 — (d) [plau] (plough とも綴る),　(e) [hɔːl]

3 次の発音記号で示された発音 (1 〜 5) と下線部の発音が同じものをそれぞれ (a) 〜 (e) から 1 つずつ選びなさい。　　　（大阪産業大）

1　[au]　(a) crow　(b) blow　(c) brow
　　　　(d) know　(e) arrow
2　[θ]　(a) depth　(b) Thomas　(c) that
　　　　(d) breathe　(e) bathe
3　[ei]　(a) streak　(b) steak　(c) beat
　　　　(d) rice　(e) receive
4　[k]　(a) chimney　(b) cheese　(c) spinach
　　　　(d) yacht　(e) architect
5　[ʒ]　(a) judge　(b) bridge　(c) raise
　　　　(d) pleasure　(e) gesture

<解答> 1 — (c)　他は [ou]　　　　2 — (a) (b) は [t], 他は [ð]
3 — (b) (d) は [ai], 他は [iː]　　4 — (e) (d) は [黙字], 他は [tʃ]
5 — (d) (c) は [z], 他は [dʒ]

【注意】 2 — (b) [támɑs | tɔ́m-],　(d) [briːð] < breath [breθ]
　　　(e) [beið] < bath [bæθ | bɑːθ]
4 — (c) [spínitʃ | -idʒ] (ホウレンソウ),　(d) [jɑt | jɔt] (ヨット)

4 次の(1)～(5)の1～5の語群のうちに下線をひいた太字の部分の発音が3つとも同じものがそれぞれ1つある。それを選びなさい。(中央大)

(1)	1	nor**th**	nor**th**ern	sou**th**ern
	2	w**e**t	b**e**rry	br**ea**d
	3	f**oo**d	f**oo**t	w**oo**l
	4	h**ear**	h**ere**	h**ear**d
	5	gr**ea**t	br**ea**k	br**ea**kfast
(2)	1	pr**o**ve	pr**o**be	gr**o**ve
	2	**ch**ange	**ch**aos	**ch**aracter
	3	st**ea**dy	st**ee**l	st**ea**k
	4	m**ea**dow	spr**ea**d	sw**ea**t
	5	ai**s**le	Ice**l**and	i**s**land
(3)	1	b**u**t	b**a**t	b**u**tter
	2	s**ei**ze	m**ee**t	k**ee**p
	3	sw**or**d	t**ow**ard	w**or**d
	4	r**ea**dy	m**ea**t	cr**ea**ture
	5	h**ou**se	c**ou**ntry	f**ou**l
(4)	1	t**ou**ch	r**ou**gh	th**ou**gh
	2	an**ch**or	**ch**orus	stoma**ch**
	3	c**ou**nt	s**ou**l	d**ou**bt
	4	beh**a**ve	s**ai**l	d**ai**ry
	5	b**i**te	t**i**ll	t**ie**
(5)	1	s**er**ve	n**ur**se	b**ir**th
	2	ch**air**	r**ear**	r**are**
	3	c**oa**t	wr**o**te	b**ou**ght
	4	t**our**	p**oor**	p**our**
	5	c**u**te	s**u**re	n**eu**tral

練習問題 71

<解答>　(1)— 2　　(2)— 4　　(3)— 2　　(4)— 2　　(5)— 1

(1)　1　[θ], [ð], [ð]　　2　[e], [e], [e]　　3　[uː], [u], [u]
　　　4　[iər], [iər], [əːr]　5　[ei], [ei], [e]
(2)　1　[uː], [ou], [ou]　2　[tʃ], [k], [k]　　3　[e], [iː], [ei]
　　　4　[e], [e], [e]　　5　[黙字], [s], [黙字]
(3)　1　[ə, ʌ], [æ], [ʌ]　2　[iː], [iː], [iː]　3　[ɔːr], [ɔːr], [əːr]
　　　4　[e], [iː], [iː]　　5　[au], [ʌ], [au]
(4)　1　[ʌ], [ʌ], [ou]　　2　[k], [k], [k]　　3　[au], [ou], [au]
　　　4　[ei], [ei], [eə]　5　[ai], [i], [ai]
(5)　1　[əːr], [əːr], [əːr]　2　[eər], [iər], [eər]　3　[ou], [ou], [ɔː]
　　　4　[uər], [uər], [ɔːr]　5　[juː], [u(ər)], [juː]

【注意】　(1)— 1　southern [sʌ́ðərn]
　　　　(2)— 2　chaos [kéi(i)ɑs | -ɔs]（混とん・カオス）
　　　　(2)— 5　aisle [ail]

5　次の各組の2語について，同じ発音でないものが5つあります。その組の番号を小さい順に記入しなさい。　　（実践女子大）

1	peace / piece	2	night / knight	3	hair / heir	4	berry / bury
5	forth / fourth	6	soap / soup	7	lesson / lessen	8	cause / coarse
9	through / thorough	10	plain / plane	11	chalk / choke	12	hole / whole
13	profit / prophet	14	scent / cent				

<解答>　3, 6, 8, 9, 11

1　[piːs]　　2　[nait]　　3　[heər], [eər]　　4　[béri]
5　[fɔːrθ]　6　[soup], [suːp]　7　[lés(ə)n]
8　[kɔːz], [kɔːrs]　9　[θruː], [θə́ːrou | θʌ́rə]　10　[plein]
11　[tʃɔːk], [tʃouk]　12　[houl]　13　[práfit | prɔ́f-]　14　[sent]
（☞「同音異義語」p. 55）

6 問1〜5のそれぞれの単語①〜④のうちから，下線部の発音が，最初の単語の下線部と同じものを選びなさい。　　　（センター試験より）

問1	ro_ugh_	①	bro_ugh_t	②	co_ugh_	③	_gh_ost
		④	thoro_ugh_				
問2	m_oo_d	①	fl_oo_d	②	fl_oo_r	③	sh_oo_t
		④	w_oo_l				
問3	lan_g_ua_g_e	①	ar_g_ument	②	distin_g_uish	③	_g_uess
		④	re_g_ular				
問4	r_aw_	①	c_oa_st	②	n_au_ghty	③	n_o_tice
		④	r_ou_te				
問5	con_qu_er	①	con_qu_est	②	li_qu_id	③	_qu_iet
		④	uni_qu_e				

<解答>　問1 — ②　　問2 — ③　　問3 — ②　　問4 — ②　　問5 — ④

問1	[rʌf]	① [brɔːt]	② [kɔːf]
		③ [goust]	④ [θə́ːrou]
問2	[muːd]	① [flʌd]	② [flɔːr]
		③ [ʃuːt]	④ [wul]
問3	[læŋgwidʒ]	① [áːrgjəmənt]	② [distíŋgwiʃ]
		③ [ges]	④ [régjələr]
問4	[rɔː]	① [koust]	② [nɔ́ːti]
		③ [nóutis]	④ [ruːt]
問5	[káŋkər｜kɔ́ŋ-]	① [káŋkwest｜kɔ́ŋ-]	② [líkwəd]
		③ [kwáiət]	④ [juːníːk]

7 問1〜5において, 下線部の発音が, ほかの三つの場合と異なるものを, ①〜④のうちから選びなさい。　　　　　　　（センター試験より）

問1　① a<u>ss</u>ure　② cla<u>ss</u>ic　③ effi<u>c</u>ient　④ so<u>c</u>ial
問2　① abr<u>oa</u>d　② appr<u>oa</u>ch　③ c<u>oa</u>st　④ thr<u>oa</u>t
問3　① all<u>ow</u>　② cr<u>ow</u>d　③ fl<u>ow</u>　④ p<u>ou</u>nd
問4　① de<u>b</u>t　② dou<u>b</u>t　③ su<u>b</u>title　④ su<u>b</u>tle
問5　① ea<u>g</u>er　② fra<u>g</u>ile　③ <u>g</u>inger　④ ur<u>g</u>ent

<解答>　問1　② [s]　他は [ʃ]　　　問2　① [ɔː]　他は [ou]
　　　　問3　③ [ou]　他は [au]　　問4　③ [b]　他は [黙字]
　　　　問5　① [g]　他は [dʒ]

【注意】　問1　① [əʃúər], ③ [ifíʃ(ə)nt]
　　　　問4　② [daut], ③ [sʌ́btàitl], ④ [sʌ́tl]
　　　　問5　② [frǽdʒ(ə)l], ③ [dʒíndʒər]

8 次のa〜jの単語について, 下線部の発音が同じものの組み合わせを, ①〜⑥のうちから二つ選びなさい。　　　　　　　（センター試験）

a　beh<u>a</u>vior　　b　bl<u>a</u>nket　　c　b<u>o</u>ther　　d　celebr<u>a</u>tion
e　c<u>o</u>tton　　　f　disc<u>o</u>very　g　fr<u>a</u>me　　h　scr<u>a</u>tch
i　sw<u>a</u>llow　　j　t<u>o</u>ngue

　①　a − d − g　　②　b − c − h　　③　c − e − i
　④　c − e − j　　⑤　d − g − i　　⑥　f − i − j

<解答>　①, ③

　　　a [bihéivjər]　b [blǽŋkət]　c [bɑ́ðər | bɔ́ð-]　d [sèləbréiʃ(ə)n]
　　　e [kɑ́tn | kɔ́tn]　f [diskʌ́vəri]　g [freim]　h [skrætʃ]
　　　i [swɑ́lou | swɔ́l-]　j [tʌŋ]

　c, e, i と f, j の区別, すなわち, [ɑ] と [ʌ] の区別については p.15, sw<u>a</u>llow については p.19 参照。

アクセント編 | Accent

◀ アクセント問題頻出語 ▶

次のリストは，大学入試の「アクセント問題」および「発音・アクセント融合問題」に出た単語のうちで出題頻度の高いものを集めたものです。特に頻度の高い語は太字で示してあります。

単語のアクセント位置に関しては，規則性のある語と，そうでない語があります。規則性のある語は 79 ページ以降にまとめました。なお，以下のリストには，派生に伴うアクセントの移動に注目してもらうために，「規則性のある語」も含まれています。

1 規則性のない語

CD 51

ac-ces-so-ry [æksésəri] 付属品
　［ア́クセサリー］でなく［アクセ́サリー］
ad-mire [ədmáiər] 感心する
ad-mi-ra-ble [ǽdmərəbl] 賞賛に値する
　［アドマ́イアラブル］でなく［ア́ドマラブル］
ad-van-tage [ədvǽntidʒ] 有利
　［アドバンテ́ージ］でなく［アドヴァ́ンティッジ］
ad-van-ta-geous [ædvəntéidʒəs] 有利な
ad-ven-ture [ədvéntʃər] 冒険
ad-vice [ədváis] 助言
　［ア́ドバイス］でなく［アドヴァ́イス］
ag-ri-cul-ture [ǽgrikʌ̀ltʃər] 農業
ag-ri-cul-tur-al [ǽgrikʌ́ltʃərəl] 農業の
al-low [əláu] 許可する
　［ア́ロウ］でなく［アラ́ウ］
al-though [ɔːlðóu] …けれども
an-ces-tor [ǽnsestər] 祖先
ar-chi-tec-ture [ɑ́ːrkətèktʃər] 建築
as-tro-naut [ǽstrənɔ̀ːt] 宇宙飛行士

at-mos-phere [ǽtməsfìər] 大気
bar-ri-er [bǽriər] 障害
be-hav-ior [bihéivjər] 行動
ben-e-fit [bénəfit] 利益
be-nef-i-cent [bənéfəsənt] 恵み深い
ben-e-fi-cial [bènəfíʃəl] 有益な
bur-i-al [bériəl] 埋葬

CD 52

cal-en-dar [kǽləndər] カレンダー
　［カレ́ンダー］でなく［キャ́ランダ］
ca-nal [kənǽl] 運河
　［カ́ナル］でなく［カナ́ル］
ca-the-dral [kəθíːdrəl] 大聖堂
　［カ́テドラル］でなく［カスィードラル］
cer-e-mo-ny [sérəmòuni] 儀式
cer-e-mo-ni-al [sèrəmóuniəl] 儀式上の
chal-lenge [tʃǽlindʒ] 挑戦
char-ac-ter [kǽriktər] 性格
char-ac-ter-is-tic [kæ̀riktərístik] 特有な

英語	発音	意味
ci-gar	[sigɑ́ːr]	葉巻

[シガー] でなく [スィガー]

com-fort	[kʌ́mfərt]	安楽

[コンフォート] でなく [カンファト]

com-fort-a-ble	[kʌ́mfərtəbl]	快適な
com-merce	[kɑ́məːrs]	商業
com-mer-cial	[kəmə́ːrʃəl]	商業の
com-pare	[kəmpéər]	比較する
com-pa-ra-ble	[kɑ́mpərəbl]	比較できる

[コンペアラブル] でなく [カンパラブル]
最近の発音では [kəmpǽrəbl] もある。

com-par-a-tive	[kəmpǽrətiv]	比較による
com-par-i-son	[kəmpǽrisn]	比較
com-plete	[kəmplíːt]	完全な

[コンプリート] でなく [カンプリート]

com-pli-cat-ed	[kɑ́mpləkèitid]	複雑な
com-pul-so-ry	[kəmpʌ́lsəri]	強制的な
con-cern	[kənsə́ːrn]	関心事
con-se-quent-ly	[kɑ́nsəkwèntli]	その結果
con-sid-er	[kənsídər]	熟慮する
con-sid-er-ate	[kənsídərət]	思いやりのある
con-tem-po-rar-y	[kəntémpərèri]	現代の
con-ti-nent	[kɑ́ntənənt]	大陸
con-tin-ue	[kəntínjuː]	続く
con-trol	[kəntróul]	支配(する)

[コントロール] でなく [カントロウル]

cre-ate	[kriéit]	創造する

[クリエート] でなく [クリエイト]

crea-ture	[kríːtʃər]	被造物, 生き物
del-i-ca-cy	[délikəsi]	繊細さ
dem-o-crat	[déməkræt]	民主主義者
de-moc-ra-cy	[dimɑ́krəsi]	民主主義

[デモクラシー] でなく [ディマクラスィ]

dem-o-crat-ic	[dèməkrǽtik]	民主主義の
de-ter-mine	[ditə́ːrmin]	決定する
de-vel-op	[divéləp]	発達する
dif-fer	[dífər]	異なる

[ディファー] でなく [ディファ]

dip-lo-mat	[dípləmæt]	外交官
dip-lo-mat-ic	[dìpləmǽtik]	外交上の
di-plo-ma-cy	[diplóuməsi]	外交
dis-ci-pline	[dísəplin]	規律
dis-gust	[disgʌ́st]	嫌悪
dis-tin-guish	[distíŋgwiʃ]	区別する
earth-quake	[ə́ːrθkwèik]	地震
e-con-o-my	[ikɑ́nəmi]	経済

[エコノミー] でなく [イカナミ]

e-co-nom-i-cal	[èkənɑ́mikəl]	経済的な
e-co-nom-ics	[èkənɑ́miks]	経済学
ef-fort	[éfərt]	努力
el-e-va-tor	[éləvèitər]	エレベーター

[エレベーター] でなく [エラヴェイタ]

em-bar-rass	[imbǽrəs]	当惑させる
en-er-gy	[énərdʒi]	精力, エネルギー

[エネルギー] でなく [エナジ]

en-er-get-ic	[ènərdʒétik]	エネルギッシュな

※「エネルギー」「エネルギッシュ」はドイツ語から

en-thu-si-asm	[inθ(j)úːziæzm]	熱狂
en-thu-si-as-tic	[inθ(j)ùːziǽstik]	熱狂的な
es-tab-lish	[istǽbliʃ]	設立する

単語	発音	意味
Eu-ro-pe-an	[jùərəpíːən]	ヨーロッパの
ex-e-cute	[éksikjùːt]	実行する
ex-ec-u-tive	[igzékjutiv]	経営者
ex-treme	[ikstríːm]	極端な

CD 54

単語	発音	意味
fa-mil-iar	[fəmíljər]	よく知られた
fas-ci-nat-ing	[fǽsənèitiŋ]	魅惑的な
fe-male	[fíːmeil]	女性
fre-quent-ly	[fríːkwəntli]	しばしば
fur-ni-ture	[fə́ːrnitʃər]	家具
gui-tar	[gitáːr]	ギター

[ギ́ター] でなく [ギタ́ー]

単語	発音	意味
her-o-ine	[hérouin]	女主人公, ヒロイン
ho-ri-zon	[həráizn]	地(水)平線
hor-i-zon-tal	[hɔ̀ːrəzántl]	地(水)平線上の
ho-tel	[houtél]	ホテル

[ホ́テル] でなく [ホウテ́ル]

単語	発音	意味
how-ev-er	[hauévər]	しかしながら
i-de-a	[aidíːə]	考え

[ア́イデア] でなく [アイディ́ーア]

単語	発音	意味
i-de-al	[aidíːəl]	理想的な
im-pulse	[ímpʌls]	衝撃
in-dus-try	[índəstri]	産業
in-dus-tri-al	[indʌ́striəl]	産業の, 工業の
in-dus-tri-ous	[indʌ́striəs]	勤勉な
in-fa-mous	[ínfəməs]	悪名の高い

[インフェ́イマス] でなく [イ́ンファマス]

単語	発音	意味
in-fan-cy	[ínfənsi]	幼年期
in-tel-lect	[íntəlèkt]	知性
in-tel-lec-tual	[ìntəléktʃuəl]	知性的な
in-ter-est-ing	[íntərəstiŋ]	面白い
in-ter-fere	[ìntərfíər]	邪魔をする
in-ter-pret	[intə́ːrprit]	解釈する
in-ter-pret-er	[intə́ːrpritər]	通訳
in-ter-rupt	[ìntərʌ́pt]	妨げる
in-tro-duce	[ìntrədjúːs]	紹介する

CD 55

単語	発音	意味
jour-nal-ist	[dʒə́ːrnəlist]	ジャーナリスト
lit-er-a-ture	[lítərətʃər]	文学
lux-u-ry	[lʌ́kʃəri]	豪華さ
lux-u-ri-ous	[lʌgʒúəriəs]	豪華な
ma-chine	[məʃíːn]	機械
man-ag-er	[mǽnidʒər]	支配人

[マネ́ージャー] でなく [マ́ニジャ]

単語	発音	意味
mel-an-chol-y	[mélənkàli]	ゆううつ
min-ute 名	[mínit]	分
mi-nute 形	[mainjúːt]	微細な
mis-chief	[místʃif]	いたずら

[ミスチ́ーフ] でなく [ミ́スチフ]

単語	発音	意味
mod-ern	[mádərn]	現代の
mo-men-tar-y	[móuməntèri]	瞬間的な
mu-se-um	[mjuːzíːəm]	博物館

[ミュ́ージアム] でなく [ミューズィ́ーアム]

単語	発音	意味
nec-es-sar-y	[nésəsèri]	必要な
ne-ces-si-ty	[nəsésəti]	必要性
ob-ject 名	[ábdʒikt]	物体
動	[əbdʒékt]	反対する
ob-sta-cle	[ábstəkl]	障害
oc-cur	[əkə́ːr]	起こる

[オ́カー] でなく [アカ́ー]

oc-cur-rence	[əkə́:rəns]	発生		pre-fer	[prifə́:r]	…のほうを好む
※アクセントは移動せず cf. préference				pref-er-ence	[préfərəns]	好み
of-fer	[ɔ́:fər]	提供する		※アクセントが移動 cf. occúrrence		
op-er-a-tor	[ápərèitər]	(機械の)運転者		pref-er-a-ble	[préfərəbl]	好ましい
or-ches-tra	[ɔ́:rkəstrə]	オーケストラ		pre-vent	[privént]	防止する
or-di-nar-y	[ɔ́:rdənèri]	普通の		priv-i-lege	[prívəlidʒ]	特権
or-i-gin	[ɔ́(:)rədʒin]	起源		prob-a-bly	[prábəbli]	たぶん
[オリジン]でなく[オ(ー)リジン]				pro-ce-dure	[prəsí:dʒər]	手順
o-rig-i-nal	[ərídʒənl]	本来の		proc-ess	[práses]	過程
				pro-duce 動	[prədjú:s]	生産する
				名	[prádju:s]	農産物
				prod-uct	[prádʌkt]	生産物
pa-rade	[pəréid]	行進		pur-chase	[pə́:rtʃəs]	買う
par-tic-u-lar	[pərtíkjulər]	特定の				
pat-tern	[pǽtərn]	型				
[パターン]でなく[パタン]						
pe-cu-liar	[pikjú:ljər]	奇妙な		re-cent-ly	[rí:sntli]	近ごろ
pe-des-tri-an	[pədéstriən]	歩行者		rec-om-mend		
per-haps	[pərhǽps]	ことによると			[rèkəménd]	推薦する
per-se-vere	[pə̀:rsəvíər]	頑張り通す		rec-on-cile	[rékənsàil]	和解させる
phe-nom-e-non	[finámənàn]	現象		re-cord 名	[rékərd]	記録
phi-los-o-phy	[filásəfi]	哲学		動	[rikɔ́:rd]	記録する
pho-to-graph	[fóutəgrǽf]	写真		re-fer	[rifə́:r]	参照する
pho-tog-ra-pher				ref-er-ence	[réfərəns]	参照
	[fətágrəfər]	写真家		※アクセントが移動 cf. occúrrence		
pho-tog-ra-phy	[fətágrəfi]	写真術		ref-uge	[réfju:dʒ]	避難
pho-to-graph-ic	[fòutəgrǽfik]	写真の		ref-u-gee	[rèfjudʒí:]	難民
po-lice	[pəlí:s]	警察		reg-is-ter	[rédʒistər]	登録する
[ポリス]でなく[パリース]				sac-ri-fice	[sǽkrəfàis]	犠牲
pol-i-tics	[pálətìks]	政治		sat-is-fy	[sǽtisfài]	満足させる
po-lit-i-cal	[pəlítikəl]	政治の		sat-is-fac-to-ry	[sètisfǽktəri]	満足の行く
pol-i-ti-cian	[pàlətíʃən]	政治家		sin-cere	[sinsíər]	誠実な
pref-ace	[préfis]	序文		suc-cess	[səksés]	成功
pre-fec-ture	[prí:fektʃər]	府, 県		[サクセス]でなく[サクセス]		

suc-cess-ful [səksésfəl] 成功した
suf-fer [sʌ́fər] こうむる
su-per-mar-ket [súːpərmàːrkit] スーパーマーケット
　　　　　　[…マ́ーケット]でなく[ス́ーパー…]
sup-port [səpɔ́ːrt] 支える
sur-face [sə́ːrfis] 表面
tem-per-a-ture [témpərətʃər] 温度
thor-ough-ly [θə́ːrouli | θʌ́rəli]
　　　　　　徹底的に
through-out [θruːáut] …の間中
un-der-stand [ʌ̀ndərstǽnd] 理解する
u-ni-verse [júːnəvə̀ːrs] 宇宙
u-ni-ver-sal [jùːnəvə́ːrsəl] 普遍的な
vi-o-lin [vàiəlín] バイオリン
　[バ́イオリン]でなく[ヴァイアリ́ン]
vol-ume [váljuːm] 容積
　[ボリュ́ーム]でなく[ヴァ́リュム]
vol-un-tar-y [váləntèri] 自発的な
vol-un-teer [vàləntíər] 志願者
　[ボ́ランティア]でなく[ヴァランティ́ア]

2 規則性のある語

最初に規則を暗記しようとしないでください。個々の単語を覚えていく過程で，何度も間違える語があれば，その時に規則を覚えるのがよいでしょう。

-ate　　CD 58

2音節
1. pri-vate [práivət] 形 私的な
2. cre-ate [kriéit] 動 創造する

3音節以上（動詞）
3. cal-cu-late [kǽlkjulèit] 計算する
4. cel-e-brate [séləbrèit] 祝う
5. **con-cen-trate** [kánsəntrèit] 集中する
6. dec-o-rate [dékərèit] 飾る
7. **dem-on-strate** [démənstrèit] 立証する
8. **ed-u-cate** [édʒukèit] 教育する
9. es-ti-mate [éstəmèit] 見積もる
10. fas-ci-nate [fǽsənèit] 魅惑する
11. hes-i-tate [hézətèit] ためらう
12. im-i-tate [ímətèit] まねる
13. in-di-cate [índikèit] 示す
14. i-so-late [áisəlèit] 分離する
15. **an-tic-i-pate** [æntísəpèit] 予想する
16. ap-pre-ci-ate [əpríːʃièit] 正しく評価する
17. as-so-ci-ate [əsóuʃièit] 連想する
18. com-mu-ni-cate [kəmjúːnəkèit] 伝達する
19. e-lim-i-nate [ilímənèit] 除く
20. ex-ag-ger-ate [igzǽdʒərèit] 誇張する
21. in-ves-ti-gate [invéstəgèit] 研究する
22. par-tic-i-pate [pɑːrtísəpèit] 参加する

3音節以上（形容詞）
23. **ac-cu-rate** [ǽkjurət] 正確な
24. ad-e-quate [ǽdikwət] 十分な量の
25. **del-i-cate** [délikət] 繊細な
26. des-per-ate [déspərət] 必死の
27. **sep-a-rate** [sépərət] 別々の
28. ul-ti-mate [ʌ́ltəmət] 究極の
29. ap-pro-pri-ate [əpróupriət] 適切な
30. ap-prox-i-mate [əprǽksəmət] おおよその
31. con-sid-er-ate [kənsídərət] 思いやりがある
32. de-lib-er-ate [dilíbərət] 慎重な
33. **im-me-di-ate** [imíːdiət] 即座の
34. cer-tif-i-cate [sərtífikət] 名 証明書

(27, 29, 30, 32, 34 には動詞もあり，[eit] と発音)

-ate で終わる語は，

(1, 2) 2音節語では，名詞・形容詞は語頭に，動詞は語尾にアクセントを置く。
(3〜34) 3音節以上の語では，その2つ前の音節にアクセントを置く。
　　なお，-ate は動詞では [eit]，形容詞では [ət/it] と発音されることにも注意。

その他の頻出語

2音節　de-báte [dibéit] 討論する

3音節以上
（動詞）　cóm-pli-cate [kámpləkèit] 複雑にする / ín-te-grate [íntəgrèit] 統合する / sít-u-ate [sítʃuèit] 位置させる / co-óp-er-ate [kouápərèit] 協力する
（形容詞）　ín-ti-mate [íntəmət] 親密な / ín-tri-cate [íntrikət] 入り組んだ / e-láb-o-rate [ilǽbərət] 入念な

-ite

2音節
1. fi-nite [fáinait] 形 有限の
2. ex-cite [iksáit] 動 興奮させる

3音節以上
3. ap-pe-tite [ǽpətàit] 食欲
4. def-i-nite [défənit] 一定の
5. **in-fi-nite** [ínfənət] 無限の
6. op-po-site [ápəzit] 正反対の

-ite で終わる語は，
(1, 2) 2音節語では，名詞・形容詞は語頭に，動詞は語尾にアクセントを置く。
(3〜6) 3音節以上の語では，その2つ前の音節にアクセントを置く。

〔派生に伴う発音・アクセントの変化〕

oppóse [əpóuz] 反対する — ópposite [ápəzit] 正反対の — opposítion [ɑpəzíʃən] 反対
defíne [difáin] 定める — définite [défənət] 一定の
fínite [fáinait] 有限の — ínfinite [ínfənət] 無限の

-ent, -ence

2音節
1. e-vent [ivént] 出来事
2. la-ment [ləmént] 嘆く
3. pre-vent [privént] 妨げる
4. rep-re-sent [rèprizént] 代表する

3音節以上（直前）
5. **ap-par-ent** [əpǽrənt] 明白な
6. op-po-nent [əpóunənt] 対抗者
7. de-pend-ent [dipéndənt] 頼っている
8. in-de-pend-ent [ìndipéndənt] 独立した
9. oc-cur-rence [əkə́ːrəns] 出来事

3音節以上（2音節前）
10. dif-fer-ent [dífərənt] 異なる
11. doc-u-ment [dákjumənt] 書類
12. ex-cel-lent [éksələnt] 優れた
13. in-ci-dent [ínsədənt] 事件
14. in-no-cent [ínəsənt] 無罪の
15. in-stru-ment [ínstrəmənt] 器具
16. man-age-ment [mǽnidʒmənt] 管理
17. be-nef-i-cent [bənéfəsənt] 慈悲深い
18. de-vel-op-ment [divéləpmənt] 発達
19. en-vi-ron-ment [inváiərənmənt] 環境
20. **ex-per-i-ment** [ikspérəmənt] 実験
21. mag-nif-i-cent [mægnífəsnt] 壮大な

22. con-fer-ence [kánfərəns] 会議
23. **con-se-quence** [kánsəkwèns] 結果
24. dif-fer-ence [dífərəns] 差異
25. **in-flu-ence** [ínfluəns] 影響
26. pref-er-ence [préfərəns] 好み
27. ref-er-ence [réfərəns] 言及
28. ex-pe-ri-ence [ikspíəriəns] 経験
29. in-tel-li-gence [intélədʒəns] 知能

-ent, -ence で終わる語は，
(1～4) 2音節語ではアクセントを語頭に置くものが多い。しかし，**出題されるのは語尾に置く方**。なお，represent は3音節語だが，re + present [prizént] と考える。
(5～29) 3音節以上の語では，
　(5～9) その直前の音節にアクセントを置くものと，
　(10～29) その2つ前の音節にアクセントを置くものがある。出題されるのは後者が圧倒的に多い。

―――― その他の頻出語 ――――

 2音節 　as-cént [əsént] 上昇 / de-scént [disént] 降下 / con-sént [kənsént] 同意 / re-pént [ripént] 後悔する / com-ménce [kəméns] 始める

 3音節以上

（直前）　ab-hór-rence [æbhɔ́:rəns] 憎悪 / in-ter-fér-ence [intərfíərəns] 妨害

（2音節前）　díl-i-gent [dílədʒənt] 勤勉な / él-o-quent [éləkwənt] 雄弁な / pér-ma-nent [pə́:rmənənt] 永久的な / súb-se-quent [sʌ́bsikwənt] 後の / in-tél-li-gent [intélədʒənt] 知能の高い

〔アクセントの移動とつづり字 ―― r の数が決め手〕
　〈アクセントのある長母音 + r〉で終わる動詞に -ed を付ける時は，r を重ねる。
　（例）occúr [əkə́:r] ― occúrred / prefér [prifə́:r] ― preférred
-ence を付ける時も同じ。もし，アクセントが移動していれば r は重ねない。したがって，r の数がアクセント位置の決め手となる。
　（例）occúr ― occúrrence [əkə́:rəns] / prefér ― préference [préfərəns]
occurrence タイプには abhórrence < abhór (嫌悪する), detérrence < detér (阻止する), preference タイプには cónference < confér (話し合う), réference < refér (言及する) などがある。

-ant, -ance

直前
1. tri-um-phant [traiʌ́mfənt] 勝ち誇った
2. al-low-ance [əláuəns] 手当(金)

2音節前
3. ig-no-rant [íɡnərənt] 無知な
4. im-mi-grant [ímiɡrənt] 移民
5. sig-nif-i-cant [siɡnífikənt] 意義のある
6. cir-cum-stance [sə́ːrkəmstæns] 事情

-ant, -ance で終わる語は,
(1, 2) その直前の音節にアクセントを置くものと,
(3〜6) その2つ前の音節にアクセントを置くものがある。出題されるのは後者が多い。

→→ その他の頻出語 →→

直前 im-pór-tant [impɔ́ːrtənt] 重要な / in-díg-nant [indíɡnənt] 憤慨した / ac-quáint-ance [əkwéintəns] 知人 / re-síst-ance [rizístəns] 抵抗

2音節前 áp-pli-cant [ǽplikənt] 申込者 / in-háb-it-ant [inhǽbətənt] 住民 / ám-bu-lance [ǽmbjuləns] 救急車 / él-e-gance [éliɡəns] 優雅さ / máin-te-nance [méintənəns] 維持, メンテナンス

〔派生に伴う発音・アクセントの変化〕

applý [əplái] 申し込む — ápplicant [ǽplikənt] 申込者
ignóre [iɡnɔ́ːr] 無視する — íɡnorant [íɡnərənt] 無知な — íɡnorance [íɡnərəns] 無知
maintáin [meintéin] 維持する — máintenance [méintənəns] 維持, メンテナンス

-ty

-ity, -ety
1. dig-ni-ty [díɡnəti] 威厳
2. a-bil-i-ty [əbíləti] 能力
3. au-thor-i-ty [əθɔ́ːrəti] 権威
4. com-mod-i-ty [kəmádəti] 日用品
5. ne-ces-si-ty [nəsésəti] 必要性
6. cu-ri-os-i-ty [kjùəriásəti] 好奇心
7. e-lec-tric-i-ty [ilèktrísəti] 電気
8. op-por-tu-ni-ty [ùpərtjúːnəti] 機会
9. anx-i-e-ty [æŋzáiəti] 心配

| それ以外の -ty | | 11. pen-al-ty [pénəlti] 刑罰 |
| 10. fac-ul-ty [fǽkəlti] 才能 | | 12. prop-er-ty [prápərti] 財産 |

(1～9) -ity, -ety で終わる語は，その直前の音節にアクセントを置く。
(10～12) それ以外の -ty で終わる語は，語頭にアクセントを置く。

◆―◆ その他の頻出語 ◆―◆

-ity　ca-pác-i-ty [kəpǽsəti] 能力 / com-mú-ni-ty [kəmjú:nəti] 共同社会 / e-quál-i-ty [ikwáləti] 平等 / he-réd-i-ty [hərédəti] 遺伝 / hu-mán-i-ty [hju:mǽnəti] 人間性 / pros-pér-i-ty [prɑspérəti] 繁栄 / re-ál-i-ty [riǽləti] 真実味 / con-ti-nú-i-ty [kɑ̀ntənjú:əti] 連続性 / pop-u-lár-i-ty [pɑ̀pjulǽrəti] 人気 / u-ni-vér-si-ty [jù:nəvə́:rsəti] 大学 / fa-mil-i-ár-i-ty [fəmìliǽrəti] 親密さ / pe-cu-li-ár-i-ty [pikjù:liǽrəti] 特異性 / re-spon-si-bíl-i-ty [rispɑ̀nsəbíləti] 責任

-ety　gái-e-ty [géiəti] 愉快 / pro-prí-e-ty [prəpráiəti] 礼儀 / so-cí-e-ty [səsáiəti] 社会 / va-rí-e-ty [vəráiəti] 多様性

それ以外の -ty　díf-fi-cul-ty [dífikʌ̀lti] 困難 / dý-nas-ty [dáinəsti] 王朝 / líb-er-ty [líbərti] 自由 / sóv-er-eign-ty [sávərənti] 統治権

〔派生に伴う発音・アクセントの変化〕

ánxious [ǽŋkʃəs] 心配して — anxíety [æŋzáiəti] 心配

cúrious [kjúəriəs] 知りたがる — curiósity [kjuəriásəti] 好奇心

eléctric [iléktrik] 電気の — eléctrical [iléktrikəl] 電気に関する — electrícity [ilektrísəti] 電気　cf. electrónic [ilektránik] 電子の

nécessary [nésəsèri] 必要な — necéssity [nəsésəti] 必要性

-ic, -ics, -ical

-ic, -ics
1. Pa-cif-ic [pəsífik] 太平洋
2. spe-cif-ic [spisífik] 特定の
3. ter-rif-ic [tərífik] ものすごい
4. ac-a-dem-ic [ækədémik] 学問の
5. au-to-mat-ic [ɔ̀ːtəmǽtik] 自動の
6. **dem-o-crat-ic** [dèməkrǽtik] 民主主義の
7. dip-lo-mat-ic [dìpləmǽtik] 外交上の
8. en-er-get-ic [ènərdʒétik] エネルギッシュな
9. pho-to-graph-ic [fòutəgrǽfik] 写真の
10. sci-en-tif-ic [sàiəntífik] 科学の
11. sym-pa-thet-ic [sìmpəθétik] 同情的な
12. char-ac-ter-is-tic [kæ̀riktərístik] 特有の
13. en-thu-si-as-tic [inθùːziǽstik] 熱狂的な
14. **e-co-nom-ics** [èkənámiks] 経済学
15. math-e-mat-ics [mæ̀θəmǽtiks] 数学

例外
16. **pol-i-tics** [pálətìks] 政治学

-ical
17. po-lit-i-cal [pəlítikəl] 政治の
18. me-chan-i-cal [məkǽnikəl] 機械の

(1〜15) -ic, -ics で終わる語は，その直前の音節にアクセントを置く。
(16) 例外。politics を含め 8 語のみ。

Ár-a-bic [ǽrəbik] アラビア語 / Cáth-o-lic [kǽθəlik] カトリック教会の / hér-e-tic [hérətik] 異端者 / lú-na-tic [lúːnətik] 精神異常者 / pól-i-tic [pálətik] 思慮深い / rhét-o-ric [rétərik] 修辞法，レトリック / a-ríth-me-tic [əríθmətik] 算数

(17, 18) -ical で終わる語も，その直前の音節にアクセントを置く。

→→→ その他の頻出語 →→→

-ic　dra-mát-ic [drəmǽtik] 劇の / ex-ót-ic [igzátik] 外来の，エキゾチックな / me-chán-ic [məkǽnik] 職人 / po-ét-ic [pouétik] 詩的な / e-lec-trón-ic [ilektránik] 電子の / pa-tri-ót-ic [pèitriátik] 愛国的な / i-de-al-ís-tic [aidiːəlístik] 理想主義の

-ics　sta-tís-tics [stətístiks] 統計学

-ical　sym-ból-i-cal [simbálikəl] 象徴的な

〔派生に伴うアクセントの変化〕

cháracter [kǽriktər] 特徴 — characterístic [kæ̀riktərístik] 特有の
ecónomy [ikánəmi] 経済 — ecónomist [ikánəmist] 経済学者 — economical [èkənámikəl] 経済的な，無駄のない — ecónomics [èkənámiks] 経済学

子音字＋al

2つの子音字＋al
1. ac-ci-den-tal [ǽksədéntl] 偶然の
2. fun-da-men-tal [fʌ̀ndəméntl] 基本的な
3. hor-i-zon-tal [hɔ̀:rəzántl] 水平の
4. u-ni-ver-sal [jù:nəvə́:rsəl] 全世界の

例外
5. **in-ter-val** [íntərvəl] 間隔

1つの子音字＋al
6. o-rig-i-nal [ərídʒənl] 独創的な
7. ag-ri-cul-tur-al [ǽgrikʌ́ltʃərəl] 農業の

(1〜4) -ental のように〈2つの子音字＋al〉で終わる語は，-al の直前の音節にアクセントを置く。

(5) 例外

(6, 7) -inal のように〈1つの子音字＋al〉で終わる語は，-al の2つ前の音節にアクセントを置く。ただし，arrive → arríval のような動詞からの派生語は，動詞と同じ位置に置く。
-ical については前ページ参照。

―― その他の頻出語 ――

2つの子音字＋al pa-rén-tal [pəréntl] 親の / O-ri-én-tal [ɔ̀:riéntl] 東洋の / sen-ti-mén-tal [sèntəméntl] 感傷的な / ex-per-i-mén-tal [ikspèrəméntl] 実験の / au-túm-nal [ɔ:tʌ́mnəl] 秋の / in-tér-nal [intə́:rnl] 内部の

1つの子音字＋al cáp-i-tal [kǽpətl] 首都 / crím-i-nal [krímənl] 犯罪の / féd-er-al [fédərəl] 連邦制の / fú-ner-al [fjú:nərəl] 葬式 / mín-er-al [mínərəl] 鉱物 / pér-son-al [pə́:rsənl] 個人の / me-díc-i-nal [mədísənl] 薬効のある / ag-ri-cúl-tur-al [ǽgrikʌ́ltʃərəl] 農業の

〔派生に伴う発音・アクセントの変化〕

párent [péərənt] 親 ― paréntal [pəréntl] 親の
expériment [ikspérəmənt] 実験 ― experiméntal [ikspèrəméntl] 実験の
áutumn [ɔ́:təm] 秋 ― autúmnal [ɔ:tʌ́mnəl] 秋の
ágriculture [ǽgrikʌ̀ltʃər] 農業 ― agricúltural [ǽgrikʌ́ltʃərəl] 農業の

-ial, -ual, -cial, -tial

-ial, -ual
1. in-dus-tri-al [indʌ́striəl] 産業の
2. me-mo-ri-al [məmɔ́ːriəl] 記念物
3. ha-bit-u-al [həbítʃuəl] 習慣的な
4. **in-di-vid-u-al** [ìndəvídʒuəl] 個々の
5. **in-tel-lec-tu-al** [ìntəléktʃuəl] 知性の
例外
6. spir-it-u-al [spíritʃuəl] 精神の

-cial, -tial
7. **of-fi-cial** [əfíʃəl] 公の
8. ar-ti-fi-cial [ɑ̀ːrtəfíʃəl] 人工の
9. ben-e-fi-cial [bènəfíʃəl] 有益な
10. su-per-fi-cial [sùːpərfíʃəl] 表面的な
11. es-sen-tial [isénʃəl] 本質的な
12. in-flu-en-tial [ìnfluénʃəl] 影響力のある

(1～5) -ial, -ual で終わる語は，その直前の音節にアクセントを置く。
(6) 例外
(7～12) -cial, -tial (シャミセン語尾) で終わる語も，その直前の音節にアクセントを置く。

――― その他の頻出語 ―――

   -ial, -ual   cer-e-mó-ni-al [sèrəmóuniəl] 儀式的な / ác-tu-al [ǽktʃuəl] 実際の / púnc-tu-al [pʌ́ŋktʃuəl] 時間に正確な / grád-u-al [grǽdʒuəl] 徐々の / re-síd-u-al [rizídʒuəl] 残りの / con-tín-u-al [kəntínjuəl] 連続的な

   -cial, -tial   con-fi-dén-tial [kɑ̀nfədénʃəl] 内密の / res-i-dén-tial [rèzədénʃəl] 住宅の

〔派生に伴うアクセントの変化〕

índustry [índəstri] 産業 — indústrial [indʌ́striəl] 産業の — indústrious [indʌ́striəs] 勤勉な
bénefit [bénəfit] 利益 — benefícial [bènəfíʃəl] 有益な
éssence [ésns] 本質 — esséntial [isénʃəl] 本質的な
ínfluence [ínfluəns] 影響 — influéntial [ìnfluénʃəl] 影響力のある

●シャミセン語尾●

　口三味線（クチジャミセン）の「チン・トン・シャン」の「シャン」に似ていることから，-cian, -sian, -sion, -(s)tion, -gion などを「シャミセン語尾」と呼ぶことがある。「シャス・シャル・シャント・シャンス」なども同じ名前で覚えておくと便利。「シャミセン語尾」で終わる語は，必ずその直前の音節にアクセントを置く。

「シャン・ション・ジョン」

- **-cian**：musícian [mjuːzíʃən]（音楽家）など。
- **-sian**：Parísian [pərízən]（パリッ子，パリジャン）など。
- **-(s)sion**：decísion [disíʒən]（決定），posséssion [pəzéʃən]（所有）など。
- **-(s)tion**：competítion [kàmpətíʃən]（競争），suggéstion [sədʒéstʃən]（提案）など。
- **-gion**：relígion [rilídʒən]（宗教）など。

「シャス・シャル・シャント・シャンス」

- **-(s)cious**：delícious [dilíʃəs]（おいしい），cónscious [kánʃəs]（意識している）など。
- **-tious**：consciéntious [kànʃiénʃəs]（良心的な）など。
- **-xious**：ánxious [ǽŋkʃəs]（心配して）
- **-gious**：relígious [rilídʒəs]（宗教の）など。
- **-geous**：advantágeous [ædvəntéidʒəs]（有利な）など。
- **-cial**：benefícial [bènəfíʃəl]（有益な）など。
- **-sial**：controvérsial [kàntrəvə́ːrʃəl]（論争上の）など。
- **-tial**：influéntial [ìnfluénʃəl]（影響力のある）など。
- **-cient**：suffícient [səfíʃənt]（十分な）など。
- **-tient**：impátient [impéiʃənt]（我慢できない）など。
- **-tience**：impátience [impéiʃəns]（短気）など。
- **-science**：cónscience [kánʃəns]（良心）など。

-ous

-ous
1. in-fa-mous [ínfəməs] 悪名高い
2. mis-chie-vous [místʃəvəs] いたずら好きな
3. ob-vi-ous [ábviəs] 明白な
4. se-ri-ous [síəriəs] まじめな
5. har-mo-ni-ous [hɑːrmóuniəs] 調和した
6. in-dus-tri-ous [indʌ́striəs] 勤勉な
7. lux-u-ri-ous [lʌɡʒúəriəs] ぜいたくな
8. mo-not-o-nous [mənátənəs] 単調な
9. mys-te-ri-ous [mistíəriəs] 不可思議な
10. ri-dic-u-lous [ridíkjuləs] ばかげた

例外
11. tre-men-dous [triméndəs] とても大きい

-cious, -geous
12. de-li-cious [dilíʃəs] とてもおいしい
13. cou-ra-geous [kəréidʒəs] 勇敢な
14. ad-van-ta-geous [ædvəntéidʒəs] 有利な
15. re-li-gious [rilídʒəs] 宗教の

(1〜10) -ous で終わる3音節以上の語は，その2つ前の音節にアクセントを置く。
(11) 例外
(12〜15) -cious, -geous などの「シャミセン語尾」(→ p.87) で終わる語は，その直前の音節にアクセントを置く。

→→ その他の頻出語 →→

-ous　bár-ba-rous [báːrbərəs] 野蛮な / dán-ger-ous [déindʒərəs] 危険な / pré-vi-ous [príːviəs] 前の / la-bó-ri-ous [ləbɔ́ːriəs] 骨の折れる / spon-tá-ne-ous [spɑntéiniəs] 自然に起こる / cer-e-mó-ni-ous [sèrəmóuniəs] 形式ばった / si-mul-tá-ne-ous [sàiməltéiniəs] 同時の

例外　de-sír-ous [dizáiərəs] 欲しがる / e-nór-mous [inɔ́ːrməs] 巨大な / mo-mén-tous [mouméntəs] 重大な

-cious, -geous　sus-pí-cious [səspíʃəs] 疑わしい / pres-tí-gious [prestídʒəs] 権威ある / con-sci-én-tious [kànʃiénʃəs] 良心的な / su-per-stí-tious [sùːpərstíʃəs] 迷信的な

〔派生に伴う発音・アクセントの変化〕
advántage [ædvǽntidʒ] 利点 ― advantágeous [ædvəntéidʒəs] 有利な
cóurage [kə́ːridʒ] 勇気 ― courágeous [kəréidʒəs] 勇敢な
fámous [féiməs] 有名な ― ínfamous [ínfəməs] 悪名高い

-ude, -ute, -tribute

2音節
1. **con-clude** [kənklúːd] 結論を下す
2. mi-nute [mainjúːt] 形 微小な

3音節
3. **at-ti-tude** [ǽtitjùːd] 態度
4. con-sti-tute [kánstətjùːt] 構成する
5. ex-e-cute [éksikjùːt] 実行する
6. sub-sti-tute [sʌ́bstətjùːt] 代わりをする

-tribute
7. **con-trib-ute** [kəntríbjuːt] 貢献する
8. dis-trib-ute [distríbjuːt] 分配する
9. at-trib-ute [ətríbjuːt] 動 …のせいにする
   [ǽtrəbjùːt] 名 属性

(1～6) -ude, -ute で終わる語は
  (1, 2) 2音節語では語尾にアクセントを置く。

  例外 prél-ude [préljuːd] 前触れ   mín-ute [mínət] 名 分
        stát-ute [stǽtʃuːt] 法令

  (3～6) 3音節語では語頭にアクセントを置く。
(7～9) -tribute で終わる語は，-trib- にアクセントを置く。

その他の頻出語

2音節 ex-clúde [iksklúːd] 除く / in-clúde [inklúːd] 含める / a-cúte [əkjúːt] 鋭敏な /
dis-púte [dispjúːt] 論争する

3音節 ál-ti-tude [ǽltətjùːd] 高度 / áp-ti-tude [ǽptətjùːd] 適性 / mág-ni-tude
[mǽgnətjùːd] 大きさ / múl-ti-tude [mʌ́ltətjùːd] 多数 / sól-i-tude [sálətjùːd] 孤独 /
áb-so-lute [ǽbsəlùːt] 絶対の / dés-ti-tute [déstətjùːt] 極貧の / ín-sti-tute [ínstətjùːt] 協会

〔派生に伴う発音・アクセントの変化〕
éxecute [éksikjùːt] 実行する — exécutive [igzékjutiv] 経営者 — execútion [èksikjúːʃən] 実行

-able, -ible

原則
1. a-gree-a-ble [əgríːəbl] 愉快な
2. **com-fort-a-ble** [kʌ́mfərtəbl] 快適な
3. re-spon-si-ble [rispánsəbl] 責任のある

例外
4. **ad-mi-ra-ble** [ǽdmərəbl] 賞賛すべき
5. com-pa-ra-ble [kámpərəbl] 比較できる
6. lam-en-ta-ble [lǽməntəbl] 嘆かわしい
7. **pref-er-a-ble** [préfərəbl] 望ましい
8. in-ev-i-ta-ble [inévətəbl] 避けられない

-able, -ible で終わる語は,

(1〜3) 原則として，元の語と同じ位置にアクセントを置く。

　　　　agréeable < agrée / cómfortable < cómfort / respónsible < respónd

(4〜9) ただし，入試で狙われるのは，アクセント位置が語頭に移る「例外」のほうである。

　　　　ádmirable < admíre / cómparable < compáre / lámentable < lamént /
　　　　préferable < prefér / inévitable は in + évitable < eváde [ivéid]

―→― その他の頻出語 ―←―

原則　　a-váil-a-ble [əvéiləbl] 利用できる< aváil / de-plór-a-ble [diplɔ́ːrəbl] 嘆かわしい< deplóre / re-grét-ta-ble [rigrétəbl] 残念な< regrét / in-dis-pén-sa-ble [ìndispénsəbl] 不可欠な< dispénse / ir-re-síst-i-ble [ìrizístəbl] 非常に魅力的な< resíst

例外　　áp-pli-ca-ble [ǽplikəbl] 適用できる< applý [əplái] / nég-li-gi-ble [néglidʒəbl] 無視し得る< negléct / rép-u-ta-ble [répjutəbl] 評判の良い< repúte [ripjúːt]

〔派生に伴う発音・アクセントの変化〕

　　admíre [ædmáiər] 賞賛する ― ádmirable [ǽdmərəbl] 賞賛すべき
　　compáre [kəmpéər] 比較する ― cómparable [kámpərəbl] 比較できる
　　prefér [prifə́ːr] …の方を好む ― préferable [préfərəbl] 望ましい

-ient, -ience　　CD 69

-ient, -ience
1. con-ven-ient [kənvíːnjənt] 便利な
2. ex-pe-ri-ence [ikspíəriəns] 経験

-cient, -cience
3. ef-fi-cient [ifíʃənt] 能率的な
4. **suf-fi-cient** [səfíʃənt] 十分な
5. con-science [kánʃəns] 良心

(1, 2) -ient, -ience で終わる語は，その直前の音節にアクセントを置く。

(3〜5) -cient, -tient, -science, -tience などの「シャミセン語尾」(→ p. 87) で終わる語も，その直前にアクセントを置く。

―→― その他の頻出語 ―←―

-ient, -ience　　o-bé-di-ent [oubíːdiənt] 従順な

シャミセン語尾　pro-fí-cient [prəfíʃənt] 熟達した / im-pá-tient [impéiʃənt] 我慢できない

〔派生に伴うアクセント位置の変化〕

cónscience [kánʃəns] 良心 — consciéntious [kànʃiénʃəs] 良心的な

-ee, -eer, -oo, -oon CD 70

-ee, -eer, -oo, -oon
1. a-gree [əgríː] 同意する
2. **guar-an-tee** [gæ̀rəntíː] 保証(する)
3. ref-u-gee [rèfjudʒíː] 避難民
4. **ca-reer** [kəríər] 経歴
5. **en-gi-neer** [èndʒiníər] 技術者
6. pi-o-neer [pàiəníər] 開拓者
7. vol-un-teer [vàləntíər] 志願者
8. sham-poo [ʃæmpúː] 洗髪, シャンプー
9. ty-phoon [taifúːn] 台風

例外

10. com-mit-tee [kəmíti] 委員会

(1〜9) -ee, -eer, -oo, -oon で終わる語は, 語尾にアクセントを置く。
(10) 例外

――▶ その他の頻出語 ◀――

-ee em-ploy-ée [implɔ́i] 従業員 / ex-am-i-née [igzæmɔní] 受験者
-oo bam-bóo [bæmbúː] 竹 / ta-bóo [təbúː] タブー / kan-ga-róo [kæ̀ŋgərúː] カンガルー
-oon bal-lóon [bəlúːn] 気球 / car-tóon [kɑːrtúːn] 風刺漫画

〔派生に伴うアクセント位置の変化〕

emplóy [implɔ́i] 雇う — emplóyer [implɔ́iər] 雇う人 — employée [implɔ́i] 雇われる人
exámine [igzæmin] 審査する — exáminer [igzæmənər] 試験官 — examinée [igzæmɔní] 受験者
vóluntary [váləntèri] 自発的な — voluntéer [vàləntíər] 志願者

-cian, -sion, -tion, -stion, -gion CD 71

1. mu-si-cian [mjuːzíʃən] 音楽家
2. pol-i-ti-cian [pàlətíʃən] 政治家
3. de-ci-sion [disíʒən] 決定
4. su-per-sti-tion [sùːpərstíʃən] 迷信
5. sug-ges-tion [sədʒéstʃən] 提案
6. re-li-gion [rilídʒən] 宗教

(1〜6) -cian, -sion, -tion, -stion, -gion などの「シャミセン語尾」(→ p. 87) で終わる語は，その直前の音節にアクセントを置く。

―→― その他の頻出語 ―→―

-cian　ma-gí-cian [mədʒíʃən] 魔法使い / tech-ní-cian [tekníʃən] 技術者
-sion　pos-sés-sion [pəzéʃən] 所有
-tion　am-bí-tion [æmbíʃən] 野心 / com-pe-tí-tion [kàmpətíʃən] 競争 / ex-hi-bí-tion [èksəbíʃən] 展示 / ap-pre-ci-á-tion [əpriːʃiéiʃən] 評価
-stion　di-gés-tion [didʒéstʃən]（食物の）消化 / ex-háus-tion [igzɔ́ːstʃən] 消耗

〔派生に伴う発音・アクセントの変化〕
　exhíbit [igzíbit] 展示する ― exhibítion [èksəbíʃən] 展示

-ise, -ize　CD 72

-ise・2音節
1. con-cise [kənsáis] 簡潔な
2. sur-prise [sərpráiz] 驚かせる

-ise・3音節
3. **com-pro-mise** [kámprəmàiz] 妥協
4. ad-ver-tise [ǽdvərtàiz] 広告する
5. en-ter-prise [éntərpràiz] 事業
6. ex-er-cise [éksərsàiz] 運動

-ize
7. civ-i-lize [sívəlàiz] 文明化する
8. **rec-og-nize** [rékəgnàiz] 見分ける
9. a-pol-o-gize [əpúlədʒàiz] 謝罪する
10. gen-er-al-ize [dʒénərəlàiz] 一般化する

(1〜6) -ise で終わる語は，
　(1, 2) 2音節語では，語尾にアクセントを置くものがよく出題される。
　(3〜6) 3音節語では，語頭にアクセントを置く。
(7〜10) -ize で終わる語は，原則として元の語と同じ位置にアクセントを置く。
　　　 cívilize ＜ cívil / apólogize ＜ apólogy / géneralize ＜ géneral

―→― その他の頻出語 ―→―

-ise　dis-gúise [disgáiz] 変装する / pre-císe [prisáis] 正確な
-ize　crít-i-cize [krítəsàiz] 批判する ＜ crític / mém-o-rize [méməràiz] 記憶する ＜ mémory / e-cón-o-mize [ikánəmàiz] 節約する ＜ ecónomy

-sive, -tive

-sive
1. ex-pen-sive [ikspénsiv] 高価な
2. pro-gres-sive [prəgrésiv] 進歩的な

-tive
3. at-trac-tive [ətræktiv] 魅力的な

母音＋tive・直前
4. rel-a-tive [rélətiv] 相対的な

5. al-ter-na-tive [ɔːltə́ːrnətiv] 二者択一の
6. com-par-a-tive [kəmpǽrətiv] 比較の
7. ex-ec-u-tive [igzékjutiv] 経営者

母音＋tive・2音節前
8. i-mag-i-na-tive [imǽdʒənətiv] 想像力に富む

(1, 2) -sive で終わる語は，その直前の音節にアクセントを置く。
(3) -tive で終わる語も，その直前の音節にアクセントを置く。
(4〜8) ただし，-ative のように，〈母音＋tive〉で終わる語は，〈母音＋tive〉の直前か2つ前の音節にアクセントを置く。ただ，前者が圧倒的に多い。

その他の頻出語

-sive　ag-grés-sive [əgrésiv] 攻撃的な / im-prés-sive [imprésiv] 印象的な
com-pre-hén-sive [kàmprihénsiv] 包括的な

-tive　ob-jéc-tive [əbdʒéktiv] 客観的な / re-spéc-tive [rispéktiv] それぞれの

母音＋tive
（直前）com-pét-i-tive [kəmpétətiv] 競争の / con-sérv-a-tive [kənsə́ːrvətiv] 保守的な
（2音節前）déc-o-ra-tive [dékərətiv] 装飾的な / in-í-ti-a-tive [iníʃiətiv] 主導権

例外　cre-á-tive [kriéitiv] 創造的

〔派生に伴う発音・アクセントの変化〕
compáre [kəmpéər] 比較する — compárative [kəmpǽrətiv] 比較の — compárison [kəmpǽrisn] 比較 — cómparable [kámpərəbl] 比較できる
démonstrate [démənstreit] 証明する — demónstrative [dəmánstrətiv] 実証的な — demonstrátion [dèmənstréiʃən] 証明

-age

原則

1. **av-er-age** [ǽvəridʒ] 平均の
2. **dam-age** [dǽmidʒ] 損害
3. **im-age** [ímidʒ] 像
4. **man-age** [mǽnidʒ] どうにか…する

例外

5. **en-gage** [ingéidʒ] 従事する

派生語

6. **ad-van-tage** [ədvǽntidʒ] 利点
7. **per-cent-age** [pərséntidʒ] 百分率

-age で終わる語は,

(1～4) 原則として語頭にアクセントを置く。

(5) 例外

(6, 7) ad-vánce → ad-ván-tage / per-cént → per-cént-age のような派生語は, 元の語と同じ位置にアクセントを置く。

-ain

動詞

1. **con-tain** [kəntéin] 含む
2. **main-tain** [meintéin] 維持する
3. **en-ter-tain** [èntərtéin] もてなす
4. **as-cer-tain** [æsərtéin] 確かめる

形容詞

5. **cer-tain** [sə́ːrtn] 確信して

-ain で終わる語は,

(1～4) 動詞は語尾に,

(5) 名詞・形容詞は語頭に, アクセントを置く。-ain の発音の違いにも注意。

　　例外　　do-máin [douméin] 領土　　re-fráin [rifréin] (詩や歌の) 繰り返し文句

→→ その他の頻出語 →→

名詞　　fóun-tain [fáuntən] 泉 / bár-gain [báːrgən] 掘り出し物 / pór-ce-lain [pɔ́ːrsəlin] 磁器

-cracy, -logy, -nomy 　　CD 76

1. **de-moc-ra-cy** [dimákrəsi] 民主主義
2. **tech-nol-o-gy** [teknálədʒi] 科学技術
3. **e-con-o-my** [ikánəmi] 経済

(1〜3) -cracy, -logy, -nomy で終わる語は，その直前の母音にアクセントを置く。
　　　いずれも「制度」や「学問」に関する接尾辞であり，まとめて覚えると便利。

◂◂ その他の頻出語 ▸▸

-cracy　bu-reáuc-ra-cy [bjuərákrəsi] 官僚制度 / ar-is-tóc-ra-cy [ӕrəstákrəsi] 貴族階級

-logy　bi-ól-o-gy [baiálədʒi] 生物学 / ge-ól-o-gy [dʒiálədʒi] 地質学 / psy-chól-o-gy [saikálədʒi] 心理学 / zo-ól-o-gy [zouálədʒi] 動物学 / i-de-ól-o-gy [àidiálədʒi] イデオロギー

-nomy　as-trón-o-my [əstránəmi] 天文学

〔派生に伴う発音・アクセントの変化〕

demócracy [dimákrəsi] 民主主義 ― democrátic [dèməkrӕtik] 民主主義の ― démocrat [déməkrӕt] 民主主義者
technólogy [teknálədʒi] 科学技術 ― technológical [tèknəládʒikəl] 科学技術の ― technίque [tekníːk] 技巧
zóo [zúː] 動物園 ― zoólogy [zouálədʒi] 動物学

-graph, -graphy 　　CD 77

-graph
1. **pho-to-graph** [fóutəgrӕf] 写真

-graphy
2. **pho-tog-ra-phy** [fətágrəfi] 写真術
3. **bi-og-ra-phy** [baiágrəfi] 伝記
4. **ge-og-ra-phy** [dʒiágrəfi] 地理学

(1) -graph で終わる語は，その2つ前の音節にアクセントを置く。
(2〜4) -graphy で終わる語は，その直前の母音にアクセントを置く。

◂◂ その他の頻出語 ▸▸

-graph　áu-to-graph [ɔ́ːtəgrӕf] 署名 / pár-a-graph [pӕrəgrӕf] 段落 / tél-e-graph [téligrӕf] 電信

〔派生に伴う発音・アクセントの変化〕

phótograph [fóutəgræf] 写真 — photógraphy [fətágrəfi] 写真術 — photógrapher [fətágrəfər] 写真家 — photográphic [fòutəgráefik] 写真の

-esque, -ique, -igue　CD 78

1. pic-tur-esque [piktʃərésk] 絵のように美しい
2. tech-nique [tekníːk] 技巧
3. fa-tigue [fətíːɡ] 疲労

(1～3) -esque [ésk], -ique [íːk], -igue [íːɡ] で終わる語は, 語尾にアクセントを置く。いずれもフランス語からの借用で, フランス語ではアクセントを語尾に置く。

━━ その他の頻出語 ━━

- -esque　gro-tésque [groutésk] グロテスク, 異様な
- -ique　an-tíque [æntíːk] 古い時代の / phy-síque [fizíːk] 体格 / u-níque [juːníːk] 唯一の

-ism　CD 79

語頭
1. crit-i-cism [krítəsìzm] 批評
2. mech-a-nism [mékənìzm] 仕組み

語頭以外
3. in-di-vid-u-al-ism [ìndəvídʒuəlìzm] 個人主義

-ism で終わる語は, 元の語と同じ位置にアクセントを置く。結果的に,
(1, 2) 大半が語頭にアクセントを置く。
(3) 語頭以外

　(注) -ism の形で外来語として入ってきた語などの場合, 元になる語が英語に存在しないことがある。

その他の頻出語

語頭 hú-man-ism [hjúːmənìzm] ヒューマニズム / óp-ti-mism [áptəmìzm] 楽観主義 / pés-si-mism [pésəmìzm] 悲観主義 / ré-al-ism [ríːəlìzm] 現実主義 / tér-ror-ism [térərìzm] テロリズム

語頭以外 i-dé-al-ism [aidíːəlìzm] 理想主義

-meter

直前
1. ba-rom-e-ter [bərámitər] 気圧計
2. **di-am-e-ter** [daiǽmətər] 直径
3. ther-mom-e-ter [θərmámətər] 温度計

語頭
4. cen-ti-me-ter [séntəmìːtər] センチメートル

-meter で終わる語は,
(1〜3) その直前の母音にアクセントを置く。
(4) ただし, センチメートルのような「長さの単位」を表す時は, 語頭に置く。

その他の頻出語

直前 speed-óm-e-ter [spi(ː)dámətər] 速度計
語頭 míl-li-me-ter [míləmìːtər] ミリメートル

-sis

1. em-pha-sis [émfəsis] 強調
2. a-nal-y-sis [ənǽləsis] 分析

(1, 2) -sis で終わる語は, その2つ前の音節にアクセントを置く。

〔派生に伴う発音・アクセントの変化〕
 ánalyze [ǽnəlàiz] 分析する — análysis [ənǽləsis] 分析

名前動後

(問) 下線部(a), (b)の単語のアクセントの位置が正しい組み合わせを，①〜④のうちから選びなさい。 （センター試験より）

The city made a lot of progress in the area of industrial development.
　　　　　　　　　　　　　　(a)　　　　　　　　　(b)

① (a) prógress　(b) indústrial　② (a) progréss　(b) indústrial
③ (a) progréss　(b) índustrial　④ (a) prógress　(b) índustrial

同じつづりの単語で，名詞（または形容詞）の場合は前の音節にアクセントを置き，動詞の場合は後の音節にアクセントを置くものがある。これを便宜的に「**名前動後**」と呼び，以下のようなものがある。なお，一部に，つづりは同じでも意味の上で無関係の語も含まれる。

CD 82

absent	[ǽbsənt]	形 不在の	contrast	[kάntræst]	名 対比	
	[æbsént]	動 欠席する		[kəntrǽst]	動 対比する	
abstract	[ǽbstrækt]	名 抜粋	desert	[dézərt]	名 砂漠	
		形 抽象的な		[dizə́ːrt]	動 見捨てる	
	[æbstrǽkt]	動 抜粋する	digest	[dáidʒest]	名 要約	
compound	[kάmpaund]	名 合成物		[daidʒést]	動 消化する, 要約する	
		形 合成の				
	[kəmpáund]	動 混ぜる	escort	[éskɔːrt]	名 護衛	
conduct	[kάndʌkt]	名 行為		[iskɔ́ːrt]	動 護衛する	
	[kəndʌ́kt]	動 先導する	export	[ékspɔːrt]	名 輸出	
conflict	[kάnflikt]	名 争い, 衝突		[ikspɔ́ːrt]	動 輸出する	
	[kənflíkt]	動 矛盾する	extract	[ékstrækt]	名 抽出物	
content	[kάntent]	名 内容, 中身		[ikstrǽkt]	動 抜き取る	
	[kəntént]	動 満足させる	frequent	[fríːkwənt]	形 頻繁な	
		形 満足して		[frikwént]	動 しばしば訪れる	
contest	[kάntest]	名 競争	impact	[ímpækt]	名 衝撃	
	[kəntést]	動 …を目指して争う		[impǽkt]	動 衝突する	

import	[ímpɔːrt]	名 輸入	produce	[prάdjuːs]	名 生産物
	[impɔ́ːrt]	動 輸入する		[prədjúːs]	動 生産する
increase	[ínkriːs]	名 増加	progress	[prάgres]	名 前進
	[inkríːs]	動 増加する		[prəgrés]	動 前進する
insult	[ínsʌlt]	名 侮辱	project	[prάdʒekt]	名 計画
	[insʌ́lt]	動 侮辱する		[prədʒékt]	動 計画する, 発射する
object	[άbdʒikt]	名 物体, 目的			
	[əbdʒékt]	動 反対する	protest	[próutest]	名 抗議
perfect	[pə́ːrfikt]	形 完全な		[prətést]	動 抗議する
	[pərfékt]	動 完成する	record	[rékərd]	名 記録
permit	[pə́ːrmit]	名 許可証		[rikɔ́ːrd]	動 記録する
	[pərmít]	動 許可する	subject	[sʌ́bdʒikt]	名 主題
present	[préznt]	名 贈り物			形 受けやすい
	[prizént]	動 贈る		[səbdʒékt]	動 服従させる
	[préznt]	形 出席して, 現在の	suspect	[sʌ́spekt]	名 容疑者
				[səspékt]	動 疑う

<解答>　① 「その都市は産業開発の分野で大いなる発展をとげた」
progress はここでは名詞なので [prάgres]。industrial は [indʌ́striəl]。

◀ 練習問題 ▶

1 次の単語で最も強く発音する音節を,その番号によって示しなさい。
(名古屋商業大)

(1) e-lec-tron-ics
　① ② ③ ④

(2) psy-chol-o-gy
　① ② ③ ④

(3) in-ter-val
　① ② ③

(4) al-low
　① ②

(5) fa-mil-iar
　① ② ③

(6) ar-riv-al
　① ② ③

(7) ex-ec-u-tive
　① ② ③ ④

(8) in-ter-pret
　① ② ③

(9) oc-cur
　① ②

(10) as-cer-tain
　① ② ③

(11) con-trib-ute
　① ② ③

(12) sub-sti-tute
　① ② ③

(13) ca-reer
　① ②

(14) man-age-ment
　① ② ③

(15) de-vel-op-ment
　① ② ③ ④

(16) ne-ces-si-ty
　① ② ③ ④

(17) con-cen-trate
　① ② ③

(18) pref-ace
　① ②

(19) con-tem-po-rar-y
　① ② ③ ④ ⑤

(20) pic-tur-esque
　① ② ③

〈解答〉　(1)—③ (→ p. 84)　(2)—② (→ p. 95)　(3)—① (→ p. 85)
　　　　(4)—② (→ p. 74)　(5)—② (→ p. 76)　(6)—② (→ p. 85)
　　　　(7)—② (→ p. 93)　(8)—② (→ p. 76)　(9)—② (→ p. 77)
　　　　(10)—③ (→ p. 94)　(11)—② (→ p. 89)　(12)—① (→ p. 89)
　　　　(13)—② (→ p. 91)　(14)—① (→ p. 80)　(15)—② (→ p. 80)
　　　　(16)—② (→ p. 82)　(17)—① (→ p. 79)　(18)—① (→ p. 77)
　　　　(19)—② (→ p. 75)　(20)—③ (→ p. 96)

〔派生に伴うアクセントの変化〕
　fámily — famíliar — familiárity

2 次の(1)〜(15)の語の中に第三音節に最も強いアクセントのあるものが五つある。その番号を記しなさい。　　　　　　　　　　　　　（福岡大）

(1) at-mos-phere　　(2) di-am-e-ter　　(3) sat-is-fac-to-ry
(4) nev-er-the-less　(5) pa-tri-ot-ism　(6) par-tic-u-lar-ly
(7) en-er-get-ic　　(8) ad-van-ta-geous　(9) suf-fi-cient
(10) pic-tur-esque　(11) con-tem-po-rar-y　(12) Med-i-ter-ra-ne-an
(13) prop-a-gan-da　(14) phe-nom-e-non　(15) con-grat-u-late

＜解答＞　(3), (7), (8), (10), (13)

(1) át　(→ p. 74)　　(2) ám　(→ p. 97)　　(3) fác　(→ p. 77)
(4) [nèvərðəlés]　　(5) [péitriətiz(ə)m]　(→ p. 96)
(6) tíc　(→ p. 77)　　(7) gét　(→ p. 84)　　(8) tá　(→ p. 88)
(9) fí　(→ p. 90)　　(10) ésque　(→ p. 96)　(11) tém　(→ p. 75)
(12) [mèdətəréiniən]　(13) [pràpəgǽndə]
(14) [finámənàn]　(→ p. 77)　(15) [kəngrǽtʃəlèit]　(→ p. 79)

〔派生に伴うアクセントの変化〕

　　sátisfy ― satisfáctory

3 次の(1)〜(20)までの単語のうち，(イ)第一音節，または，(ロ)第二音節に最も強いアクセントのある語が五つずつある。その語の番号を若い方から順番に書きなさい。　　　　　　　　　　　　　（三重大）

(1) ig-no-rance　　(2) pi-o-neer　　(3) al-ter-na-tive
(4) rep-re-sent　　(5) Eu-ro-pe-an　(6) vol-un-tar-y
(7) cal-en-dar　　(8) nev-er-the-less　(9) cu-ri-os-i-ty
(10) con-tra-dict　(11) math-e-mat-ics　(12) pho-tog-ra-phy
(13) oc-cur-rence　(14) mis-chie-vous　(15) in-di-vid-u-al
(16) di-am-e-ter　(17) sym-pa-thet-ic　(18) con-cen-trate
(19) in-ter-pret　(20) el-e-men-ta-ry

<解答>　(イ)—(1), (6), (7), (14), (18)　　(ロ)—(3), (12), (13), (16), (19)

(1) íg (→p. 82)	(2) néer (→p. 91)	(3) tér (→p. 93)
(4) sént (→p. 80)	(5) pé (→p. 76)	(6) vó (→p. 78)
(7) cál (→p. 74)	(8) →前の問題	(9) ós (→p. 82)
(10) [kɑ̀ntrədíkt]	(11) mát (→p. 84)	(12) tó (→p. 77)
(13) cúr (→p. 77)	(14) mís (→p. 88)	(15) víd (→p. 86)
(16) ám (→p. 97)	(17) thé (→p. 84)	(18) cón (→p. 79)
(19) tér (→p. 76)	(20) [èləmént(ə)ri]	

〔派生に伴うアクセントの変化〕

　　cúrious — curiósity / élement — eleméntal — eleméntary

4　各組の語群の中に第一音節を最も強く発音する語が1つずつある。その語をA〜Dより1つ選び、その記号をマークしなさい。　（駒沢大）

1. A ad-mire　　B ad-mir-er　　C ad-mi-ra-tion
   D ad-mi-ra-ble
2. A com-pare　　B com-par-i-son　　C com-pa-ra-ble
   D com-par-a-tive
3. A in-dus-try　　B in-dus-tri-al　　C in-dus-tri-ous
   D in-dus-tri-al-ism
4. A de-moc-ra-cy　　B dem-o-crat　　C dem-o-crat-ic
   D dem-o-crat-i-cal-ly
5. A hu-mane　　B hu-man-i-ty　　C hu-man-ism
   D hu-man-is-tic

<解答>　1—D　2—C　3—A　4—B　5—C

1. A ad-míre [ədmáiər]　　B ad-mír-er [ədmáiərər]
   C ad-mi-rá-tion [æ̀dməréiʃən]
   D ád-mi-ra-ble [ǽdmərəbl]
2. A com-páre [kəmpéər]　　B com-pár-i-son [kəmpǽrisn]
   C cóm-pa-ra-ble [kámp(ə)rəbl]
   D com-pár-a-tive [kəmpǽrətiv]

3. A ín-dus-try   B in-dús-tri-al   C in-dús-tri-ous
   D in-dús-tri-al-ism
4. A de-móc-ra-cy   B dém-o-crat [déməkræt]
   C dem-o-crát-ic   D dem-o-crát-i-cal-ly
5. A hu-máne [hju:méin]   B hu-mán-i-ty [hju:mǽnəti]
   C hú-man-ism   D hu-man-ís-tic

5 次の各組について，はじめから2番目の音節に最も強い強勢のある語を選び，その記号をマークせよ。　　　　　　　　（東京女子大）

1. A appreciate   B characteristic   C competent
   D rescue   E surface
2. A absolute   B common   C cottage
   D hesitate   E particular
3. A diligent   B disappear   C evident
   D twilight   E succession
4. A engineer   B infamous   C intelligent
   D suddenly   E witness
5. A injure   B desperate   C remote
   D vision   E welcome

<解答>　1—A　2—E　3—E　4—C　5—C

1. A ap-pré-ci-ate [əprí:ʃièit]
   B char-ac-ter-ís-tic [kæ̀rəktərístik]   C cóm-pe-tent
   D rés-cue [réskju:]   E súr-face
2. A áb-so-lute   B cóm-mon   C cót-tage
   D hés-i-tate   E par-típ-u-lar
3. A díl-i-gent   B dis-ap-péar   C év-i-dent
   D twí-light [twáilait]   E suc-cés-sion
4. A en-gi-néer   B ín-fa-mous [ínfəməs]
   C in-tél-li-gent   D súd-den-ly   E wít-ness
5. A ín-jure   B dés-per-ate   C re-móte
   D ví-sion   E wél-come

この問題では音節の切れ目が示されていないため、単語が何音節から成り、アクセントのある音節は何番目かを判断する必要がある。

> [音節の数] 入試レベルでは、1母音＝1音節と考えればよい。ただし、[ɑ:] などの長母音、[ai] などの二重母音、[auər] などの三重母音は1音とみなす。例えば、1.Aのappreciateは、a[ə]・e[i:]・i[i]・a[ei] がそれぞれ1母音を表し、4音節になる。

6
次のA～Pのうち最も強く発音する音節が、左端から数えて同じ位置にあるものを5組選び、マークしなさい。　　（早稲田大）

A　ad-vice 　　dif-fer	B　ar-chi-tect 　　bound-a-ry	C　com-pare 　　lim-it
D　dam-age 　　pre-fer	E　de-ter-mine 　　im-mi-grant	F　de-vel-op 　　prop-er-ty
G　dis-trib-ute 　　min-is-ter	H　el-e-gant 　　rel-a-tive	I　el-e-vate 　　i-so-late
J　ful-fill 　　man-age	K　fur-ni-ture 　　sig-na-ture	L　in-tel-lect 　　in-ter-pret
M　in-tent 　　po-lite	N　me-chan-ic 　　neg-a-tive	O　pros-per-i-ty 　　sci-en-tif-ic
P　pur-sue 　　wel-fare		

＜解答＞　B, H, I, K, M

A　ad-více / díf-fer　　　　　　B　ár-chi-tect / bóund-a-ry
C　com-páre / lím-it　　　　　　D　dám-age / pre-fér
E　de-tér-mine / ím-mi-grant　　F　de-vél-op / próp-er-ty
G　dis-tríb-ute / mín-is-ter　　H　él-e-gant / rél-a-tive
I　él-e-vate / í-so-late　　　　J　ful-fíll / mán-age
K　fúr-ni-ture / síg-na-ture　　L　ín-tel-lect / in-tér-pret
M　in-tént / po-líte　　　　　　N　me-chán-ic / nég-a-tive
O　pros-pér-i-ty / sci-en-tíf-ic　P　pur-súe / wél-fare

7 次の各組で最も強いアクセントのある位置が語頭から数えて他の3つと異なるものを，a～dのうちから1つ選びなさい。　（関西外語大）

1. a. al-le-go-ry　　b. al-pha-bet　　c. al-ti-tude
   d. al-though
2. a. syn-thet-ic　　b. Cath-o-lic　　c. Ar-a-bic
   d. rhet-o-ric
3. a. ed-u-cate　　b. pen-e-trate　　c. fa-cil-i-tate
   d. con-cen-trate
4. a. es-ca-la-tor　　b. el-e-va-tor　　c. en-ter-prise
   d. e-col-o-gy
5. a. com-po-nent　　b. com-pli-ment　　c. com-po-sure
   d. com-par-i-son

＜解答＞　1—d　2—a　3—c　4—d　5—b

1. a. ál-le-go-ry [ǽləgɔ̀ːri]　　b. ál-pha-bet
   c. ál-ti-tude [ǽltətjuːd]　　d. al-thóugh
2. a. syn-thét-ic [sinθétik]　　b. Cáth-o-lic [kǽθ(ə)lik]
   c. Ár-a-bic　　d. rhét-o-ric [rétərik]
3. a. éd-u-cate　　b. pén-e-trate
   c. fa-cíl-i-tate [fəsílətèit]　　d. cón-cen-trate
4. a. és-ca-la-tor　　b. él-e-va-tor
   c. én-ter-prise [éntərpràiz]　　d. e-cól-o-gy
5. a. com-pó-nent　　b. cóm-pli-ment
   c. com-pó-sure [kəmpóuʒər]　　d. com-pár-i-son

8 次の(イ)～(ホ)の語群の中に，それぞれ1つだけ異なる音節に主要なアクセントのあるものがある。その異なるものの番号をマークしなさい。
　　　　　　　　　　　　　　　　　　　　　　　（中央大）

(イ)　1. al-co-hol　　2. ed-u-cate　　3. en-joy-ment
　　4. lux-u-ry　　5. man-ag-er
(ロ)　1. cat-e-go-ry　　2. com-par-a-tive　　3. lit-er-a-ture
　　4. nec-es-sar-y　　5. no-tice-a-ble

(ハ) 1. al-low-ance　　2. mu-si-cian　　3. per-cent-age
　　 4. per-for-mance　5. pho-to-graph
(ニ) 1. cou-ra-geous　 2. de-ci-sion　　3. en-gi-neer
　　 4. in-ter-pret　　5. of-fi-cial
(ホ) 1. am-big-u-ous　 2. ha-bit-u-al　　3. me-trop-o-lis
　　 4. mo-men-tar-y　5. o-rig-i-nal

<解答> (イ)— 3　 (ロ)— 2　 (ハ)— 5　 (ニ)— 3　 (ホ)— 4

(イ) 1. ál-co-hol [ǽlkəhɔ̀(ː)l]　　2. éd-u-cate
　　 3. en-jóy-ment　　　　　　4. lúx-u-ry [lʌ́kʃ(ə)ri]
　　 5. mán-ag-er
(ロ) 1. cát-e-go-ry　　　　　　 2. com-pár-a-tive
　　 3. lít-er-a-ture　　　　　　4. néc-es-sar-y
　　 5. nó-tice-a-ble [nóutəsəbl]
(ハ) 1. al-lów-ance [əláuəns]　　2. mu-sí-cian
　　 3. per-cént-age　　　　　　4. per-fór-mance
　　 5. phó-to-graph
(ニ) 1. cou-rá-geous [kəréidʒəs]　2. de-cí-sion
　　 3. en-gi-néer　　　　　　　4. in-tér-pret
　　 5. of-fí-cial
(ホ) 1. am-bíg-u-ous [æmbígjuəs]　2. ha-bít-u-al [həbítʃuəl]
　　 3. me-tróp-o-lis [mətráp(ə)lis]　4. mó-men-tar-y
　　 5. o-ríg-i-nal

9 問1～10のそれぞれの単語①～④のうちから，第一アクセントの位置が，ほかの三つの場合と異なるものを一つずつ選びなさい。

　　　　　　　　　　　　　　　　　　　（センター試験より）

問1　① bal-ance　　② cus-tom　　③ pa-rade
　　 ④ pat-tern
問2　① im-age　　　② ma-chine　　③ mes-sage
　　 ④ vol-ume

問3	①	ef-fort	②	per-cent	③	pre-fer	
	④	tech-nique					
問4	①	dra-mat-ic	②	hu-mor-ous	③	of-fi-cial	
	④	pro-gres-sive					
問5	①	con-sid-er	②	en-ter-tain	③	in-ter-pret	
	④	re-mem-ber					
問6	①	ad-ven-ture	②	as-tro-naut	③	at-mos-phere	
	④	dif-fer-ence					
問7	①	con-cen-trate	②	per-ma-nent	③	re-pub-lic	
	④	tech-ni-cal					
問8	①	ac-cu-ra-cy	②	com-mu-ni-ty	③	de-moc-ra-cy	
	④	e-con-o-my					
問9	①	com-mu-ni-cate	②	ex-pe-ri-ence	③	mys-te-ri-ous	
	④	sci-en-tif-ic					
問10	①	ad-mi-ra-ble	②	ap-pro-pri-ate	③	com-pli-cat-ed	
	④	nec-es-sar-y					

<解答> 問1—③ 問2—② 問3—① 問4—② 問5—②
問6—① 問7—③ 問8—① 問9—④ 問10—②

問1	①	bálance	②	cústom	③	paráde
	④	páttern				
問2	①	ímage	②	machíne	③	méssage
	④	vólume				
問3	①	éffort	②	percént	③	prefér
	④	techníque				
問4	①	dramátic	②	húmorous	③	offícial
	④	progréssive				
問5	①	consíder	②	entertáin	③	intérpret
	④	remémber				
問6	①	advénture	②	ástronaut	③	átmosphere
	④	dífference				
問7	①	cóncentrate	②	pérmanent	③	repúblic
	④	téchnical				

問8　① áccuracy　② commúnity　③ demócracy　④ ecónomy

問9　① commúnicate　② expérience　③ mystérious　④ scientífic

問10　① ádmirable　② apprópriate　③ cómplicated　④ nécessary

10　問1〜4において，与えられた語と第一アクセントの位置が同じ語を，それぞれ①〜④のうちから一つずつ選びなさい。（センター試験より）

問1　accustom
　　① calendar　② impression　③ operate　④ popular

問2　transportation
　　① authority　② experiment　③ fundamental　④ melancholy

問3　recommend
　　① guarantee　② museum　③ objective　④ satisfy

問4　fortunately
　　① appreciate　② elevator　③ manufacture　④ sympathetic

＜解答＞　問1—②　問2—③　問3—①　問4—②

問1　ac-cús-tom [əkʌ́stəm]
　　① cál-en-dar　　　　② im-prés-sion
　　③ óp-er-ate　　　　 ④ póp-u-lar

問2　trans-por-tá-tion
　　① au-thór-i-ty [əθɔ́ːrəti]　② ex-pér-i-ment
　　③ fun-da-mén-tal　　　　　④ mél-an-chol-y [mélənkɑ̀li]

問3　rec-om-ménd [rèkəménd]
　　① guar-an-tée [gæ̀rəntíː]　② mu-sé-um [mjuːzíːəm]
　　③ ob-jéc-tive　　　　　　　④ sát-is-fy [sǽtəsfài]

問4　fór-tu-nate-ly
　　① ap-pré-ci-ate [əpríːʃièit]　② él-e-va-tor
　　③ man-u-fác-ture　　　　　　 ④ sym-pa-thét-ic [sìmpəθétik]

11 次の(1)〜(5)のうち，下線部の語のアクセントの位置が異なるものの番号を記しなさい。　　　　　　　　（センター試験より）

(1) He had to <u>support</u> a large family.
　　The <u>support</u> of the family is necessary.
(2) The <u>object</u> of their study is not clear.
　　Nobody can <u>object</u> to our plan.
(3) The horses were out of <u>control</u>.
　　It was not easy to <u>control</u> the horses.
(4) The <u>progress</u> of the civilization was very rapid.
　　The support will <u>progress</u> very rapidly in the next ten years.
(5) You must <u>record</u> his speech.
　　His <u>record</u> will never be broken.

<解答>　(2), (4), (5)

(1) 「彼は大家族を養わなければならなかった」
　　「家族を養うことが必要だ」
(2) 「彼らの勉強の目的は明確でない」
　　「誰も私たちの計画に反対できない」
(3) 「その馬はおさえがきかなかった」
　　「その馬をおさえるのは容易ではなかった」
(4) 「文明の進歩はとても速かった」
　　「援助は次の10年で急速に進むだろう」
(5) 「君は彼の演説を記録しなくてはいけない」
　　「彼の記録は決して破られないだろう」

　　support はどちらも [səpɔ́ːrt]，control はどちらも [kəntróul]。それ以外は品詞によりアクセント位置が異なる。

発音・アクセント融合問題

1 次の(1)〜(5)について、もっとも強いアクセント(第一強勢)のある音節の母音の発音が他と違う単語を選び、その記号をマークしなさい。

(日本女子大)

(1) イ creature ロ energy ハ generous
    ニ threaten ホ weapon
(2) イ Asia ロ dangerous ハ favorite
    ニ graduate ホ advantageous
(3) イ climate ロ discipline ハ horizon
    ニ island ホ survive
(4) イ earlier ロ hearty ハ preserve
    ニ thirsty ホ urban
(5) イ approval ロ bloody ハ foolish
    ニ taboo ホ youthful

<解答> (1)—イ (2)—ニ (3)—ロ (4)—ロ (5)—ロ

(1) イ [kríːtʃər] ロ [énərdʒi] ハ [dʒénərəs]
    ニ [θrétn] ホ [wépən]
(2) イ [éiʒə | éiʃə] ロ [déindʒərəs] ハ [féivərit]
    ニ [名形 grǽdʒuət, 動 grǽdʒueit]
    ホ [æ̀dvəntéidʒəs]
(3) イ [kláimit] ロ [dísiplin] ハ [həráizn]
    ニ [áilənd] ホ [səːrváiv]
(4) イ [ə́ːrliər] ロ [háːrti] ハ [prizə́ːrv]
    ニ [θə́ːrsti] ホ [ə́ːrbən]
(5) イ [əprúːvəl] ロ [blʌ́di] ハ [fúːliʃ]
    ニ [təbúː] ホ [júːθfəl]

2 次の単語の最も強いアクセントのある音節の母音が，各組のア～エの単語の最も強いアクセントのある音節の母音と同じものを1つ選び，その記号をマークしなさい。　　　　　　　　　　　　　　　　　（関西大）

1. ʹscientificʹ
   ア　environment　　イ　persistent　　ウ　trifling　　エ　scientist
2. ʹsustainedʹ
   ア　technical　　イ　suspense　　ウ　sustenance　　エ　straighten
3. ʹconsciousnessʹ
   ア　competence　　イ　condemn　　ウ　confound　　エ　confront
4. ʹdeviceʹ
   ア　preface　　イ　livelihood　　ウ　decent　　エ　privilege
5. ʹalertnessʹ
   ア　affirmative　　イ　alter　　ウ　afresh　　エ　utter

<解答>　1—イ　　2—エ　　3—ア　　4—イ　　5—ア

1　[sàiəntífik]　：　ア　[inváiərənmənt]　　イ　[pərsístənt]
　　　　　　　　　　ウ　[tráifliŋ]　　　　　エ　[sáiəntist]
2　[səstéind]　：　ア　[téknikəl]　　　　　イ　[səspéns]
　　　　　　　　　　ウ　[sʌ́stinəns]　　　　エ　[stréitn]
3　[kánʃəsnis]　：　ア　[kámpətəns]　　　　イ　[kəndém]
　　　　　　　　　　ウ　[kənfáund]　　　　　エ　[kənfrʌ́nt]
4　[diváis]　：　ア　[préfis]　　　　　　　イ　[láivlihud]
　　　　　　　　　ウ　[díːsnt]　　　　　　　エ　[prívilidʒ]
5　[ələ́ːrtnis]　：　ア　[əfə́ːrmətiv]　　　　イ　[ɔ́ːltər]
　　　　　　　　　　ウ　[əfréʃ]　　　　　　　エ　[ʌ́tər]

3 次のA群のそれぞれの単語について，第一強勢(アクセント)のある母音の発音が同じものを，B群の単語の中から1つ選べ。　(法政大)

A.　(a) genius　　(b) imaginary　　(c) industrial
　　(d) intensity　(e) opinion
B.　(1) contrary　(2) probably　(3) machinery
　　(4) opportunity　(5) different　(6) country
　　(7) modern　(8) evidence　(9) matter
　　(10) guard

<解答>　(a) — (3)　(b) — (9)　(c) — (6)　(d) — (8)　(e) — (5)

A群　(a) [dʒíːniəs]　(b) [imædʒinəri]　(c) [indʌ́striəl]
　　　(d) [inténsiti]　(e) [əpínjən]
B群　(1) [kántrəri]　(2) [prábəbli]　(3) [məʃíːnəri]
　　　(4) [àpərtjúːnəti]　(5) [dífərənt]　(6) [kʌ́ntri]
　　　(7) [mádərn]　(8) [évidəns]　(9) [mǽtər]
　　　(10) [gɑːrd]

4 左端の語の第1アクセントのある音と同じ音を持つ語を1つ選び，マークしなさい。　(京都産業大)

①	bulletin	1.	bulb	2.	print	3.	meant	4.	brook
②	routine	1.	shout	2.	soup	3.	breathe	4.	virus
③	advice	1.	silent	2.	average	3.	service	4.	above
④	interpret	1.	twin	2.	shark	3.	regret	4.	firm
⑤	surrender	1.	supper	2.	gray	3.	metal	4.	month
⑥	passenger	1.	steady	2.	fact	3.	possible	4.	thin

<解答>　① — 4　② — 3　③ — 1　④ — 4　⑤ — 3　⑥ — 2

①　[búlitin]
　　1. [bʌlb]　2. [print]　3. [ment]　4. [bruk]
②　[ruːtíːn]
　　1. [ʃaut]　2. [suːp]　3. [briːð]　4. [váiərəs]

③ [ədváis]
　1. [sáilənt]　2. [ǽv(ə)ridʒ]　3. [sə́ːrvis]　4. [əbʌ́v]
④ [intə́ːrprit]
　1. [twin]　2. [ʃɑːrk]　3. [rigrét]　4. [fəːrm]
⑤ [səréndər]
　1. [sʌ́pər]　2. [grei]　3. [métl]　4. [mʌnθ]
⑥ [pǽsindʒər]
　1. [stédi]　2. [fǽkt]　3. [pásəbl]　4. [θin]

5 見出し語(a)〜(i)の第一アクセントのある母音と，第一アクセントが同じ母音を含む語をそれぞれ1〜5から1つ選び，その番号を記入せよ。
(同志社大)

(a)	moment	1	movement	2	monument	3	democracy
		4	motive	5	automatic		
(b)	secret	1	encourage	2	president	3	determine
		4	reward	5	machinery		
(c)	talent	1	vacuum	2	familiar	3	interesting
		4	already	5	alternative		
(d)	enterprise	1	international	2	interpreter	3	entirely
		4	recommend	5	memorial		
(e)	mechanic	1	character	2	medicine	3	chamber
		4	melody	5	campaign		
(f)	knowledge	1	nobility	2	coward	3	commercial
		4	pocket	5	thousand		
(g)	equipment	1	heroine	2	expert	3	textile
		4	industry	5	examine		
(h)	certain	1	Britain	2	purpose	3	entertain
		4	carpenter	5	ordinary		
(i)	departure	1	empire	2	century	3	refuse
		4	particular	5	hardware		

<解答>　(a)—4　(b)—5　(c)—1　(d)—4　(e)—1　(f)—4
　　　　(g)—4　(h)—2　(i)—5

(a) [móumənt]
　1 [múːvmənt]　　2 [mánjumənt]　　3 [dimákrəsi]
　4 [móutiv]　　　5 [ɔ̀ːtəmǽtik]
(b) [síːkrit]
　1 [inkə́ːridʒ | enkʌ́ridʒ]　　　　2 [prézid(ə)nt]
　3 [ditə́ːrmin]　4 [riwɔ́ːrd]　　5 [məʃíːnəri]
(c) [tǽlənt]
　1 [vǽkjuəm]　　2 [fəmíljər]　　3 [ínt(ə)ristiŋ]
　4 [ɔːlrédi]　　　5 [ɔːltə́ːrnətiv]
(d) [éntərpràiz]
　1 [ìntərnǽʃən(ə)l]　2 [intə́ːrpritər]　3 [entáiərli]
　4 [rèkəménd]　　　　5 [mimɔ́ːriəl]
(e) [mikǽnik]
　1 [kǽriktər]　　2 [méd(i)sn]　　3 [tʃéimbər]
　4 [mélədi]　　　5 [kæmpéin]
(f) [nɑ́lidʒ]
　1 [noubíləti]　　2 [káuərd]　　3 [kəmə́ːrʃ(ə)l]
　4 [pákit]　　　　5 [θáuz(ə)nd]
(g) [ikwípmənt]
　1 [hérouin]　　2 [ékspəːrt]　　3 [tékstail]
　4 [índəstri]　　5 [igzǽmin]
(h) [sə́ːrt(i)n]
　1 [brítn]　　　　2 [pə́ːrpəs]　　3 [èntərtéin]
　4 [káːrpintər]　5 [ɔ́ːrdinəri]
(i) [dipɑ́ːrtʃər]
　1 [émpaiər]　　　2 [séntʃuri]　　3 [rifjúːz]
　4 [pərtíkjulər]　5 [hɑ́ːrdwèər]

日本語化した単語（発音・アクセント問題共通）

日本語化した単語で，その発音が原音と異なるものは，入試では標的にされやすい。アクセントの位置と発音に注意。

CD 83

日本語	英語	発音
アクセサリー	ac-cés-so-ry	[æksésəri]
アドバイス	ad-více	[ədváis]
アルコール	ál-co-hol	[ǽlkəhɔ̀:l]
アマチュア	ám-a-teur	[ǽmətʃùər]
		[ǽmətə:r]
アナウンサー	an-nóunc-er	[ənáunsər]
アンテナ	an-tén-na	[ænténə]
アベレージ	áv-er-age	[ǽv(ə)ridʒ]
バランス	bál-ance	[bǽləns]
バロメーター	ba-róm-e-ter	
		[bərámitər]
ビール	beer	[biər]
ボート	boat	[bout]
ボタン	bút-ton	[bʌ́tn]
カレンダー	cál-en-dar	[kǽlindər]
カヌー	ca-nóe	[kənú:]
キャリア	ca-réer	[kəríər]
チャレンジ	chál-lenge	[tʃǽlindʒ]
チョコレート	chóc-o-late	[tʃɔ́:kəlit]
コート	coat	[kout]
コントロール	con-tról	[kəntróul]
カーテン	cúr-tain	[kə́:rtən]
ダメージ	dám-age	[dǽmidʒ]
デリカシー	dél-i-ca-cy	[délikəsi]
デリケート	dél-i-cate	[délikit]
エコノミスト	e-cón-o-mist	[ikánəmist]
エレベーター	él-e-va-tor	[élivèitər]
エネルギー	én-er-gy	[énərdʒi]
エスカレーター	és-ca-la-tor	[éskəlèitər]
イベント	e-vént	[ivént]

CD 84

日本語	英語	発音
フード(食物)	food	[fu:d]
ファール	foul	[faul]
フロント	front	[frʌnt]
グローブ	glove	[glʌv]
ゴール	goal	[goul]
ギター	gui-tár	[gitá:r]
ハンバーガー	hám-burg-er	
		[hǽmbə̀:rgər]
ヒーロー	hé-ro	[híərou]
ヒロイン	hér-o-ine	[hérouin]
ホーム	home	[houm]
フード(ずきん)	hood	[hud]
ホスト	host	[houst]
ホステス	hóst-ess	[hóustis]
ホテル	ho-tél	[houtél]
アイデア	i-dé-a	[aidíə]
イメージ	ím-age	[ímidʒ]
ラベル	lá-bel	[léibl]
レディー	lá-dy	[léidi]
ランドリー	láun-dry	[lɔ́:ndri]
ルーズな	lóose	[lu:s]
ルーズリーフ	lóose-leaf	[lú:slì:f]
メード/メイド	maid	[meid]

マネージャー	mán-ag-er	[mǽnidʒər]
マニア	má-ni-a	[méiniə]
メカニズム	méch-an-ism	[mékənizm]
メッセージ	més-sage	[mésidʒ]
ミュージシャン	mu-sí-cian	[mju(:)zíʃən]
オール（船の）	oar	[ɔːr]
オリンピック	O-lým-pic	[o(u)límpik]
オレンジ	ór-ange	[ɔ́(:)rindʒ]
オーケストラ	ór-ches-tra	[ɔ́:kistrə]
オリジナル	o-ríg-i-nal	[ərídʒin(ə)l]
オーブン	óv-en	[ʌ́v(ə)n]
オーナー	ówn-er	[óunər]
パレード	pa-ráde	[pəréid]
パターン	pát-tern	[pǽtərn]
パーセント	per-cént	[pərsént]
パーセンテージ	per-cént-age	[pərséntidʒ]
ピアノ	pi-án-o	[piǽnou]
パイロット	pí-lot	[páilət]
プラットホーム	plát-form	[plǽtfɔ:rm]
ポリス	po-líce	[pəlí:s]
ポスト	post	[poust]
ポンド	pound	[paund]
プライベート	prí-vate	[práivit]
プロセス	próc-ess	[prάses]
プログラム	pró-gram(me)	[próugræm]
ラジオ	rá-di-o	[réidiou]
レコード	ré-cord	[rékərd ǀ -kɔ:d]
セパレート	sép-a-rate 形	[sépərit]
シリーズ	sé-ries	[síəri:z]
シリアス	sé-ri-ous	[síəriəs]
シャツ	shirt	[ʃəːrt]
ショルダー	shóul-der	[ʃóuldər]
スムース	smooth	[smu:ð]
スタジアム	stá-di-um	[stéidiəm]
ステーキ	steak	[steik]
スチュワーデス	stéw-ard-ess	[stjúərdis]
スタジオ	stú-di-o	[stjú:diou]
スーパーマーケット	sú-per-mar-ket	[s(j)ú:pərmὰːrkit]
セーター	swéat-er	[swétər]
テクニック	tech-níque	[tekní:k]
セオリー	thé-o-ry	[θíəri]
タバコ	to-bác-co	[təbǽkou]
トマト	to-má-to	[təméitou ǀ təmάːtou]
トーナメント	tóur-na-ment	[túərnəmənt]
タワー	tów-er	[táuər]
トンネル	tún-nel	[tʌ́nəl]
ウィルス	ví-rus	[vái(ə)rəs]
ボリューム	vól-ume	[vάlju(:)m]
ボランティア	vol-un-téer	[vὰləntíər]
ウエスト	waist	[weist]
ウール	wool	[wul]

文強勢編 | Sentence Stress

◀ 文強勢 と 弱形・強形 ▶

1 **文強勢**

単語にアクセントがあるのと同様，文にもアクセントがあり，「文強勢」とか「文アクセント」と呼ばれる。単語のアクセントが固定しているのに対して，文強勢は発話者の意図により変化する。

原則 一般に，文強勢は動詞・名詞・形容詞・副詞などの「内容語」に置き，助動詞・代名詞・前置詞などの「機能語」には置かない。(「内容語と機能語」については次ページ参照)

We **went** for a **long walk** in the **country yesterday**.
「僕たちは昨日，田舎に遠足に行った」

しかし，以下の場合，この原則はくずれ，機能語に強勢が置かれたり，内容語に強勢が置かれなかったりする。出題されるのはこちらである。

ルール1 特に主張したいことに強勢を置く。

John went to the movies yesterday.
　(「映画に行ったのはジョンである」と言いたいとき)

John went to the **movies** yesterday.
　(「ジョンが行ったのは映画である」と言いたいとき)

※ John あるいは movies に強勢が置かれるとき，それらを際立たせるために，他の内容語の強勢が省かれることに注意。

ルール2 対比される語に強勢を置く。

I **have** my **coffee** with my **meal**. ― I **prefer** to have my coffee **after** the meal.
「私は食事中にコーヒーを飲みます」―「私は食後に飲む方が好きです」

※ after は機能語だが，with との対比で強勢を置く。また，それを際立たせるために，前後の内容語の強勢は省かれている。

Some people **think** so.「そう考える人もいる」

※ some は「いくつかの」という意味では強勢を置かないのがふつうだが，ここでは暗黙のうちに Some people が other people と対比されている。

ルール3 新情報に強勢を置き，旧情報，すなわち，反復される語は強勢を省く。

How many **times** have you **been** there? ― **Three** times.

「そこにはこれまで何度行きましたか」—「三度行きました」
※新情報の Three に強勢が置かれ，反復される times に強勢がないことに注意。

ルール4 機能語である be 動詞も文末や，その後が省略されている時は強勢を置く。

　　Do you **know** where it **is**?「それがどこにあるか知っていますか」
　　cf. The **train** was **late**.（電車は遅れた）

ルール5 機能語である助動詞もその後が省略されている時や，否定の n't の前では強勢を置く。

　　Do you **like** him? — **Yes**, I **do**.「彼が好きですか —— はい」
　　I **wouldn't** do such a **thing**.「私だったらそんなことはしない」

ルール6 ＜名詞＋名詞＞が1語に等しい時，前の名詞に強勢を置く。

　　car ferry（カーフェリー）；**gas** station（ガソリンスタンド）

［内容語と機能語］　単語には意味の上で，内容のあるものと，さしてないものとがあり，前者を「内容語」，後者を「機能語」と呼ぶ。
　内容語：動詞，名詞，形容詞，副詞，疑問詞，指示代名詞（this, that, etc）など。
　機能語：助動詞，代名詞，前置詞，接続詞，関係詞，冠詞，be 動詞など。

例題1

次の対話において，ふつう，①〜④のうち最も強く発音されるものを1つ選べ。　　　　　　　　　　　　　　　　　　　　　（センター試験）

A：My sister told me John's going to visit either the States or Canada.
B：As a matter of fact, he's going to the States and Canada.
　　　　　　　　　　　　　　　　　①　　　　②　　③　　④

（全訳）
　A：妹が言うには，ジョンがアメリカかカナダのどちらかに行くそうだ。
　B：実際は，ジョンはアメリカとカナダの両方に行くんだよ。

（考え方）　B の going, States, Canada はいずれも前文の反復，つまり，旧情報。either ... or と and が対比されている。

（正解）　③

例題2

次の対話において，①〜④の語のうち，ふつう，ほかの3つと比べて，最も強く発音されるものを，1つ選べ。　　　　　　　　　　（センター試験）

A : May I take your order now?
　　　　　　①

B : Yes, please. I'll have today's special and a cup of coffee.
　　　　　　　　　　②　　　　　　　　　　　　　　　③

A : Would you like your coffee right away?

B : No thanks. I'd like it later, please.
　　　　　　　　　　　④

（全訳）
A：ご注文をお伺いしてもよろしいですか。
B：はい。今日のスペシャルとコーヒーをお願いします。
A：コーヒーは今すぐお持ちしますか。
B：いいえ，後でお願いします。

（考え方）　各文で話し手は一番何を主張したいのかと考える。①の文では「注文」であり「取る」ことではない。②③の文では料理名であり，「食べる」「一杯」は重要ではない。④の文では「後で」が前文の right away「すぐに」と対比されている。

（正解）　④

例題3

次の文において，話者が太字で示した語を特に強調して発音した場合，話者が伝えようとした意図はどれが最も適当か。下の①〜④のうちから一つ選べ。
（センター試験）

Max's mother told him to do his **math** homework immediately.
① It is this subject that should be done now.
② It was not his father who urged Max to study.
③ Max tends to leave things until the last moment.
④ Max will not do anything without instructions.

（全訳）
「母親はマックスに**数学**の宿題をすぐやるように言った」
①「今しなければならないのはこの科目である」
②「マックスに勉強するよう促したのは父親ではない」
③「マックスは物事をギリギリまで放っておく傾向がある」

④「マックスは指図されないかぎり何事もやろうとしない」
(考え方)　「数学」を強調したということは，マックスがやらなければならないのは，他のいずれの科目でもなくこの数学という科目であるということ。
(正解)　①

2　弱形と強形

　機能語の多くは，弱くあいまいな「弱形」と，強く明確な「強形」の2通りの発音を持っている。例えば，a は弱形では [ə]，強形では [ei] と発音される。

|原則|　機能語は普通，弱形で発音される。

　しかし，以下の場合は強形で発音される。

ルール7　文強勢が置かれるとき。すなわち，p.117〜118の ルール1 〜 ルール5 に該当するとき。

ルール8　文末の前置詞。ただし，文強勢は置かない。

弱形と強形を持つ語
1．冠詞　　　　a, an, the
2．be 動詞　　 be, am, are, is, was, were
3．助動詞　　　have, do, can, shall, will, must，および，その変化形
4．前置詞　　　at, for, from, of, to
5．接続詞　　　and, but, or, など
6．その他　　　that — 接続詞や関係詞では弱形 [ðət]，「あれ；それ」「あの；その」
　　　　　　　　　　　といった指示代名詞・形容詞では強形 [ðǽt]。
　　　　　　　there — There + V + S の形では弱形 [ðər]，「そこで；そこに」
　　　　　　　　　　　の意味では強形 [ðéər]。
　　　　　　　some —「いくらかの」の意味では弱形 [səm]，「相当な」「なか
　　　　　　　　　　　には…もある」の意味などでは強形 [sʌ́m]。
　　　　　　　not

※入試では，上記の語に弱形・強形があるという事実を知っていれば十分であり，いちいちその発音まで覚える必要はない。

【例題】
　各文の下線部について，発音がほかの3つと異なるものを，①～④から1つ選べ。
　　　　　　　　　　　　　　　　　　　　　　　　　　（センター試験）
① Are you for the new proposal or against it?
② Can you ask for a menu, please?
③ The Christmas gift is from Mary, not for her.
④ What do you take me for?

(全訳)
① あなたは新しい提案に賛成ですか，それとも反対ですか。
② メニューを頼んでくれない。
③ そのクリスマスの贈り物はメアリーから来たのであって，メアリーに来たのではない。
④ 君は私を誰だと思ってるんだ。

(考え方) ①の for は against と，③の for は from と対比されている。④の for は文末の前置詞。となると正解は？

(正解) ② [fər]　他は [fɔːr]

◀ 練 習 問 題 ▶

1 次の問いの対話において，①～④のうちから，ふつう，ほかの3つと異なり，強く発音されないものを1つ選べ。　　　　（センター試験）

A : Say, Janet, would you like to go to the beach tomorrow?
B : I wish I could, but I've got to ①<u>work</u>.
A : That's too bad. Is it for the ②<u>whole</u> summer?
B : No, it's just a temporary ③<u>job</u>, only for a week. Let's go some
　　④<u>other</u> time.

（全訳）
A：ねぇ，ジャネット，明日，海に行かない？
B：できたら行きたいんだけど，仕事があるのよ。
A：それは残念ね。その仕事，夏の間ずっと続くの？
B：いいえ，一時的な仕事で，一週間だけなの。いつか別の日に行きましょうよ。

（考え方）　文強勢の問題。it's just a temporary job の temporary には，前文 Is it (= the work) for the whole summer? の for the whole summer との対比で強勢が置かれるために，その後に続く job は内容語でも強勢が省かれる。
（☞ **ルール2** の※ p. 117）

＜解答＞　③

2 次の会話の下線部(1), (2)において，それぞれ下の問い（問1・問2）に示された①～④の語のうち，ほかの3つと比べて，最も強調して発音されるものを1つずつ選べ。　　　　（センター試験）

A : I wish my boss wouldn't talk so loud. It gives me a headache.
B : Well, (1)<u>why don't you say</u> something to him? I bet if you told him ...
A : (2)<u>That's easy for you to say</u>. I'm the one who has to work with him.
B : I see what you mean. I guess you'll just have to put up with it.

問1　① why　　② don't　　③ you　　④ say
問2　① That's　② easy　　 ③ you　　④ say

(全訳)
　A：ボスの声が小さくならないかな。頭が痛くなるよ。
　B：ひとこと言ってみたらどうだ。言ったらきっと…
　A：君がそう言うのは簡単さ。でも，彼と仕事しなければならないのは僕なんだよ。
　B：それはそうだ。だったら我慢するしかないね。

(考え方)　文強勢の問題。(1) why don't you はここでは「なぜ…しないのか」という質問ではなく，「…したらどう」という提案であるため，話し手の主張は why でなく say にある。(☞ ルール1 p.117)　(2)この後に「ボスと仕事をしなければならないのはこの僕なんだ」と続くことから，you が後続の I と対比されていると考える。(☞ ルール2 p.117)

<解答>　(1)―④　　(2)―③

3　次の会話の下線部(1), (2)において，それぞれ下の問い(問1・問2)に示された①〜④の語のうち，ほかの3つと比べて，最も強調して発音されるものを1つずつ選べ。　　　　　　　　　　(センター試験)

　A：Are you free after work today? I was hoping we could do something together.
　B：Well, sure, (1)but aren't you going to the health club? I thought you went there every Wednesday evening.
　A：Oh, is today Wednesday? (2)I've been thinking all day it was Tuesday. I always get confused when Monday's a national holiday.
　B：I know what you mean. I do too.
　問1　① but　　② going　　③ health　　④ club
　問2　① been　② day　　　③ was　　　④ Tuesday

(全訳)
　A：今日，仕事が終わったらひま？　一緒にどうかなと思ったんだけど。
　B：いいねぇ，でも，ヘルスクラブに行くんじゃないの。水曜の夜はいつも行ってるものと思ってたよ。
　A：あれ，今日は水曜だっけ。朝からずっと火曜日とばかり思ってた。月曜が祝日だといつも頭がこんがらがるんだ。
　B：わかるよ。僕もそうなんだ。

（考え方）　文強勢の問題。(1) go to school の意味の中心が school にあるように，go to the health club は health club に意味の中心がある。また，＜名詞＋名詞＞が複合語をなすときは，前の名詞に強勢が置かれる。（☞ ルール6 p. 118）
(2) 実際は水曜日なのに，「火曜日とばかり思ってた」。したがって，曜日が対比されていると考える。

＜解答＞　　(1) ― ③　　(2) ― ④

4　次の会話の下線部(1)～(4)について，それぞれ下の問い（問 1 ～ 4）に示された①～④の中で最も強調して発音されるものを 1 つずつ選べ。
(センター試験)

〈状況〉　Marion，Terri，Harry の 3 人がパーティーで初めて会い，話をしている。

Marion：Oh, are you American?
　Terri：No, I'm Canadian, but I live in Sydney.
Marion：How funny!　(1)My sister lives in Sydney.
　Harry：Small world! I have a cousin in Sydney, too.
　Terri：Marion, (2)what does your sister do?
Marion：She's a professional athlete.
　Harry：Really? What sport?
Marion：Soccer. Harry, are you interested in women's soccer?
　Harry：Not really. I'm not a big fan of soccer.
Marion：Too bad. I have a spare ticket to a soccer match next week.
　Terri：Well, (3)I like watching soccer.
Marion：Do you want to come?
　Terri：Sure. I'd love to.
Marion：Hey, why don't we go out to dinner before the match? What do you like to eat?
　Terri：Hmm. (4)How about Chinese food?

問1	① My	② sister	③ lives	④ Sydney
問2	① does	② your	③ sister	④ do
問3	① I	② like	③ watching	④ soccer
問4	① How	② about	③ Chinese	④ food

(全訳)

Marion ：アメリカ人？
Terri　：いや，カナダ人。でも，シドニーに住んでるんだ。
M　　：これは奇遇だ。僕の妹もシドニーに住んでるんだ。
Harry　：世界は狭いね。僕もいとこがシドニーにいるよ。
T　　：マリオン，妹さんは何をしてるの。
M　　：プロのスポーツ選手。
H　　：本当？　何のスポーツ？
M　　：サッカー。ところでハリー，女子のサッカーに興味はある？
H　　：あまりないね。もともとサッカー自体，大して好きじゃないし。
M　　：それは残念だな。来週のサッカーの試合のチケットが余ってるんだ。
T　　：僕はサッカーを見るのが好きだよ。
M　　：行きたい？
T　　：もちろん。ぜひ行きたいね。
M　　：じゃあ，試合の前に食事に行かないかい。何が食べたい？
T　　：中華料理なんかどうだろう。

(考え方)　文強勢の問題。話し手が3人いるので，それぞれの言葉は誰のもので，それは誰への応答かに注意。(1)は Terri の I live in Sydney. に対する応答。何と何が対比されているか，あるいは，何が新情報か，と考える。(2)は(1)に対する応答。does は助動詞で，your sister は My sister を指す旧情報。となると，答えは自ずと決まる。(3)は Marion でなく，その前の Harry への応答であることに気づくことが重要。Harry があまりサッカーは好きでない，と言ったのに対して，Terri が「僕は好きだね」。like watching soccer は a fan of soccer と意味的には変らず，旧情報と言える。(4)は What do you like to eat? への応答。

<解答>　(1)—②　　(2)—④　　(3)—①　　(4)—③

5　次の文において，話者が<u>太字</u>で示した語を特に強調して発音した場合，話者が伝えようとした意図はどれが最も適当か。下の①〜④のうちから一つ選べ。　　　　　　　　　　　　（センター試験）

Why did Sally go to **that** movie last night?
① Everyone else studied for today's test.
② It is said to be really boring.

> ③ Sally hates going to movie theaters.
> ④ The rest of our friends are going next week.

(全訳)
「サリーは昨晩どうして**あんな**映画に行ったのだろう」
① 「他の人はみんな今日の試験のために勉強していたのに」
② 「それは実に退屈だと言われているのに」
③ 「サリーは映画館に行くのが嫌いなのに」
④ 「他の友だちはみんな来週行くというのに」

(考え方)　that の強調には,「あんな映画」という話者の気持ちが込められている。単に「あの映画」と言っているわけではない。

<解答>　②

> **6** 各文の下線部について、発音がほかの3つと異なるものを、①〜④から1つ選べ。　　　　　　　　　　　　　　　　（センター試験）
>
> ① No one would dream of there being such a marvelous place.
> ② Once there lived a beautiful princess in the palace.
> ③ The man standing over there is my father.
> ④ There seems to be no need to worry about that.

(全訳)
① そんな素晴らしい場所があるなどとは誰も想像さえしないだろう。
② 昔, その宮殿には美しい王女が住んでいました。
③ あそこに立っている男性は私の父です。
④ それは心配する必要はないと思われる。

(考え方)　弱形・強形の問題。①の there being は there is の is を動名詞にしたもの, ②の there lived a beautiful princess は there + V + S, ④の There seems to be は There is に seems to が付け加えられたものであり, ①, ②, ④ はいずれも There + V + S の構造。③の there は there is my father と読むのではなく, over there で「あそこ」の意。(☞ 「弱形と強形を持つ語」p. 120)

<解答>　③ [ðéər]　他は [ðər]

7 次の問1と問2の①〜④の文において，ふつう，下線の語の母音がほかの3つと異なって，弱くあいまいに発音されるものを，それぞれ1つずつ選べ。　　　　　　　　　　　　　　　　　　　（センター試験）

問1
① I have no idea what his plans for the future <u>are</u>.
② There <u>are</u> lots of things I would like to tell you about.
③ He says he is all right now and I hope you <u>are</u>, too.
④ You said you might not be going, but I now see you <u>are</u> going.

問2
① I tried to stop their quarrel, but <u>that</u> was not easy.
② No one knew <u>that</u> river was so deep.
③ Mary's car is bigger than <u>that</u> of her husband.
④ This is the personal computer <u>that</u> I told you about the other day.

問1　（全訳）
① 彼の将来の計画がどんなものか想像もつかない。
② お話したいことがたくさんあります。
③ 彼はもう大丈夫だと言う。君もそうであって欲しいね。
④ あなたは行かないかもしれないと言ったけど，でも，行くんですね。

（考え方）　弱形・強形の問題。①は文末の be 動詞。（☞ ルール4 p. 118）　③の are の後には all right が省略されている。④の are going は前文の might not be going と対比されている。

問2　（全訳）
① 私は彼らのけんかを止めようとしたが，それは簡単ではなかった。
② あの川があんなに深いとは誰も知らなかった。
③ メアリーの車は夫の車よりも大きい。
④ これが私が先日お話したパソコンです。

（考え方）　弱形・強形の問題。①の that は「それ」で，指示代名詞。②の that は「その（川）」の意で，指示形容詞。名詞節を導く接続詞であれば，river に the か，それに代わる語が必要。③の that は指示代名詞で，the car に等しい。④の that は関係代名詞。

＜解答＞　問1 —② ［ər］　他は ［ɑːr］
　　　　　問2 —④ ［ðət］　他は ［ðæt］

著　　者	鳥　飼　和　光	
発　行　者	山　﨑　良　子	
印刷・製本	株式会社日本制作センター	

英語の発音・アクセント総仕上げ〈三訂版〉

発　行　所　　駿台文庫株式会社
〒101-0062　東京都千代田区神田駿河台1-7-4
　　　　　　　　　　　　　　小畑ビル内
　　　　　　　TEL.編集　03(5259)3302
　　　　　　　　　販売　03(5259)3301
　　　　　　　　　　　　《⑪ － 128pp.》

©Kazuteru Torikai 2003
落丁・乱丁がございましたら，送料小社負担にてお取替えいたします。
ISBN978-4-7961-1083-9　　　Printed in Japan

駿台文庫 Web サイト
https://www.sundaibunko.jp